U0018796

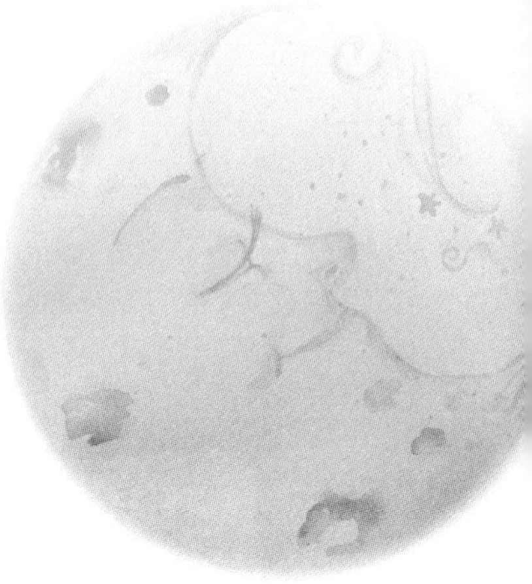

清醒夢療法

鍛鍊意識力、創造力，學習自我覺察、克服恐懼、釋放壓力

LEARN TO LUCID DREAM

Powerful Techniques For Awakening Creativity And Consciousness

克莉斯汀・拉馬克 Kristen lamarca——著
劉名揚——譯

目次

Chapter 2

做清醒夢的前提 41

Chapter 3

各種誘發方法 63

前言

認識清醒夢，改善自己的生活

所有人類都擁有一個無價之寶；一種探索能力，可進入賦予我們直覺智慧、理解意識、釐清自己是誰、該往何處去的狀態。

我們每一晚都會在睡夢中進入這種狀態。現代已經少有人對夢秉持一種深入、純正的觀點，更少有人能利用夢滋潤醒著時的人生。至於意識到自己能徹底操控夢中體驗以造福自己與他人的能力，也就是擁有駕馭清醒夢的超凡能力者，更是少之又少了。

你平常做夢時，不會考慮到自己的意識處於哪種狀態。你會以為自己是醒著的，而這種錯覺限制了你所能體驗的範圍。

在夢中保持清醒，代表你能直接感覺到自己身處的狀態，並意識到「哈！我正在做夢。」這種對夢的本質的清楚認知，超越了你平時夢境的門檻。這時，你對現實有了一個新的「框架」，賦予你更多體驗的自由。

本書的目標是帶你認識清醒夢，不僅學會如何實踐，也學會利用它來改善自己的生活。

若你對清醒夢感興趣，應該知道學習清醒夢的資源從不匱乏，數個世代以來，已經有許多深入淺出的相關文獻問世。

不過截至今日，還是沒有一本簡短扼要、與時俱進的初學指南，能精準、簡明地涵蓋最佳的既有資料，並將之整理成步驟明確的實用工具。

在以清醒夢研究意識、治療病患的興趣驅策下，我完成了這本書。早年研讀心理學時，我就發現清醒夢能以科學方法驗證，而且只要經過訓練，就能夜夜進入這種狀態。由於我著迷於這種狀態可能對自己與他人持續增加益處，所以我也開始學習做清醒夢。

早期的清醒夢學習，與我所接受的臨床心理學家及研究家的訓練密不可分。二〇〇七年，我參加了生平第一場由知名的清醒夢專家史蒂芬·賴博格（Stephen

LaBerge）所主持的密集僻靜（intensive retreat），不久就開始和他一起研究、教學。後來，我們主持了一場研究，證明了結合非處方記憶改善劑利憶靈（galantamine，見p.90）與促成在夢中清醒的技巧，比使用安慰劑更能有效提升做清醒夢的機率。

我在就讀研究所時，結合了自己對清醒夢日益充實的知識與治療心理疾病的訓練。在以清醒夢治療的過程中，我親眼見識到清醒夢可以讓病患放下平時的防禦心理，進行觀看及思考。

透過清醒夢這面濾鏡，他們能以更多創意面對自己的恐懼、更妥善地處理情緒，並以溫和歡樂的方式了解自己，減少他們在治療之路的心理負擔。

我自己的清醒夢經驗一直都有轉化效果，其中一些徹底改變了我對自我和現實的理解。它們爲我的人生增添了許多價值，並隨著時間而持續增長，也融入在更多新的夢境與醒著時的體驗中。

我的清醒夢每天以看似微不足道但極其重要的方式幫助了我。不論日子好壞、不論面對何種狀況，清醒夢都有如一面鏡子，讓我看到自己的內心世界有哪些東西需要優先檢視。

我也很欣賞清醒夢的「次要效益」，它教我如何聚焦於自己的內心與注意力，確立並遵循意向，爲價値訂立優先順序，並且更細心地觀察醒著時的生活。

倘若你有興趣讀這本書，代表你對清醒夢的無窮潛力也感到好奇，這就是爲什麼我在書中附上了大量的必要工具，以幫助你成爲一個眞正的夢境旅人，即最擅長探索夢中狀態的高手。

只要掌握正確的意志與技巧，學會做清醒夢並沒有想像中困難。若你才剛起步，可能會感覺書中的某些論點有點突兀或奇怪，其他的則過於直觀。但只要秉持著耐心學習書中所提供的練習，就能將它們完美地整合到你的日常行事中，並賦予你的夢境擴展的空間，使它成爲你的最佳創意資源之一。只要能敞開心胸、保持求知慾、開心地享受這段旅程，學習清醒夢將爲你開拓許多自我發現之路。

Chapter 1

清醒夢概述

A Brief Overview of Lucid Dreaming

清醒夢可以讓你進入一種在個人生活、心靈與創意獲益的意識狀態。做清醒夢的能力，並不如你想像的那麼罕見，大多數人都能記住至少一個清醒夢，大約四分之一的人每個月都能在清醒狀態下做至少一個清醒夢。但只要經過正確的訓練，你就能實質提升做清醒夢的頻率與品質。透過學習如何優化心理與生理狀態，讓兩者更能保持在清醒狀態，清醒夢就會變得唾手可得。

首先，先釐清清醒夢的定義與功用。要如何期待你做清醒夢的技巧，能在你踏上這段旅程的過程中成長？其實這種經驗可能因人而異，但我將稍微介紹從新手階段到專家階段的常規軌跡。我也會回溯西方歷史中的清醒夢，歸納出最具影響力的先驅的研究成果，順帶提及解釋夢的意義與目的的傑出理論。

什麼是清醒夢？

弗雷德里克．范．伊登（Frederik van Eeden）在一九一三年的著作《夢的研究》（*A Study of Dreams*）裡，對清醒夢的定義是在有覺察的情況下做夢。他進一步解釋在清醒夢的狀態下，你會認知到自己正在做夢，記得自己醒著時的生活並了解自己休眠中的身體，而且能夠將注意力聚焦於自己的最高價值。

范．伊登也解釋你能記得自己睡前的意圖，並在安全範圍內耕耘夢中體驗，包括你醒著時不太可能有的體驗。這些夢境會讓你感覺和醒著時的現實世界一樣逼真，而且通常伴隨著奇幻美景、絢麗色彩、更爲鮮明的感官刺激與幸福喜樂。這些都將在睡眠的休息狀態發生。

例如在一場惡夢中，你可能會突然意識到自己正安全地躺在床上，並以這種清醒狀態醒過來。也可能在清醒夢狀態下，你意識到自己有機會打破物理定律，就此體驗到宛如鳥兒般翱翔天際的樂趣。

清楚覺察（awareness）

清醒夢的第一步，是認知到自己正在做夢。但是要做到這一點，你必須先理解這類覺察有許多種。在清醒夢中，這種覺察是鮮明的，可以清楚地意識到：你甚至能在夢中正確地寫出「我正在做夢」，這種事在一般的夢境裡，也就是非清醒夢（nonlucid dreaming）中是辦不到的。這種直接意識到自己正在夢中的能力，是一種大幅轉變意識狀態的成分。

發揮創意，而不是加強控制

和一般認知相反，在夢中清醒並不代表你能控制自己的夢境。控制夢的內容並不是清醒夢的主要目的，但這種清醒狀態能改變你對夢的理解與影響。你能脫離心靈在夢中所建構的錯誤敘事，並創造出另一種現實取而代之。

由此可見，清醒夢的重點不在控制，而是創造。你意識到自己無須再遵守社會規範，也不必擔心現實世界的後果，你將發現自己有更多促成有價值體驗的選項。

雖然這可能賦予你更多「駕馭感」，但不代表清醒夢能讓你操控夢中角色，並依自己的意志重塑體驗。對夢的高度控制並不是每次都能辦到，而且試圖控制一切並不實際，也沒有益處。事實上，有時接受或放棄（也就是控制的相反），反而能促成更快樂的結果。

清醒夢的好處

意識到自己只是在做夢，本身就已經是一個不可思議的體驗。在產生這種頓悟的那一刻，你就會知道原本以爲是眞實的夢中敘事，只不過是幻覺。但清醒夢最主要的好處，包括能讓你擁有更多符合期望且有所幫助的體驗，以及無窮的獎勵。接下來，我將說明幾種利用清醒夢提升健康及快樂的方法。

獲得自由

清醒夢能讓你體驗到絕對的自由。首先要記住的是，你在夢中的生理狀態不會受傷，做任何事都不必承擔現實世界的後果。這與你平時如何鑑定現實生活（不論是醒著時還是睡夢中），形成鮮明的對比。

意識到你在夢中絕對安全，能將你從既有觀念中解放出來，讓你以不同的方式思考，並探索新的可能性。一旦少了最基本需求的生理性、社會性、心理性的安全感，就很難有個人成長。所以當你在清醒夢中意識到自己是安全的，就能做眞正的自己，探索並學習新的事物。這些自由會幫助你在自我發展中獲得更好的成果。

提升創意

清醒夢是最適合展現你的創意彈性的狀態之一。創意在我們的生存、競爭、相互合作，乃至在地球上蓬勃發展，都扮演著關鍵角色。清醒夢清楚地證明僵化的思考如何限制你的體驗潛能，一旦意識到自己在做夢，視野就會變得遼闊，讓你得以嘗試更多具創意的解決方案來滿足需求、達成目標。這就是清醒夢幫助我們學會更進一步適應醒時狀態的衆多方式之一。

平撫惡夢

清醒夢最明顯、最廣泛的用途之一，就是平撫惡夢的能力。惡夢是我們醒著時面對壓力的象徵，而清醒夢不與惡夢搏鬥，而是幫助你調停內心的衝突，並爲你的自我與惡夢所代表的那部分，建構出一種較友善的關係。透過清醒夢，你可以把惡夢變成自己的最佳盟友，讓你獲得最迫切需要的答案。

克服難關與恐懼

清醒夢也是克服難關與恐懼的絕佳利器。若你正在爲自己遭逢的難題尋求解方，不論是感情問題、工作問題、情緒困擾，還是人生走到十字路口需要指引方向，都能透過清醒夢，精準地、有計畫地找到答案。此外，剔除社會性與生理性的限制，能讓你在安全的環境進行行爲演練，摸索一些了解自我、他人以及周遭世界的不同方式。例如，你能以清醒夢演練一場自己可能碰上的高難度對話、練習演講、克服某種恐懼症，或和你的生涯目標相關的其他領域中建立自信。

享受樂趣

做清醒夢時，任何想像得到的體驗都會變得更唾手可得，其中也包括世間的放縱。你可以漫遊古希臘、沉醉在奇幻世界裡，以異國佳餚及性愛體驗滿足感官需求，或欣賞到想像所及最優美的音樂，同時還能意識到這一切都是由自己的意識精心建構而成的。這種願望滿足在你的自我發展中相當重要，同時也能強化你持續練習做清醒夢的意志。相關研究一向認爲，清醒夢比非清醒夢更能促進正向情緒，許多人也表示清醒夢對情緒可能有持續到翌日的振奮效果。

認識自己

「我是誰？」是人類思考自身存在的終極大哉問。清醒夢可以藉由回溯內心最深處的感受、體驗與心理狀態，幫助你解答這個問題。

這些解答可以透過象徵性或具體性的夢中影像呈現。提升做清醒夢的技巧，可以讓你學會更正確地觀察自己，並對自己的心靈運作有更深入的理解。利用清醒夢進行冥想與自省，是揭露關於自我的核心眞相之最佳法門。

清醒夢也爲科學家提供了一個理解意識本質的突破性工具。心靈與物理世界如何結合，以及大腦如何製造意識體驗，一直是人類最大的謎團。在清醒夢中，我們的心靈能製造類似醒時狀態下的意識體驗，只有一個關鍵性的例外：沒有任何來自現實世界的外來因素會向夢中的現實提供資訊。這就是爲什麼以受過特別訓練的清醒夢練習者進行的實驗，可以爲區分意識的源頭鋪一條新路，並增加人類對自己的了解。

超越（transcend）

超越是一個多層次概念，但簡單的說，指的是超越自我或現實的限制，意味著與自我更偉大的事物產生連結，例如全體人類、宇宙、自然或上帝。超越性的體驗可以幫助我們克服對現實的侷限想像，它們發生在許多層次且通常有靈性的內涵。

由於清醒夢能超脫醒時物質世界的限制，因此被視為幫助意識進入這些更高層次的橋梁。

西藏夢瑜伽

在眾多將夢融入心靈與宗教觀點的文化習俗中，藏傳佛教的夢瑜伽以堅實覆蓋清醒夢著稱。這種複雜的修練已經有千年以上的歷史，旨在達到超越性的目標。

相信你應該知道什麼是「瑜伽」，也曾在相關課程中學過如何伸展身體、保持姿勢、進行冥想、控制呼吸。夢瑜伽也包含其中某些要素，只是涵蓋的範圍更廣。

夢瑜伽能夠讓人深刻體悟到醒著時的現實與死後的狀態就是夢的本質。夢瑜伽利用清醒夢預演生與死，以將人從那些造成痛苦的執著中解放出來，達到靈性甦醒。

夢瑜伽的許多技巧，與西方文化利用清醒夢狀態的方法雷同：兩者都要求練習者意識到自己正在做夢、憑意志改變夢中的元素、面對恐懼與痛苦。一如夢瑜伽修練者，西方的清醒夢練習者也常利用清醒夢改善醒著時的生活，並深入理解「醒著時的現實也和夢中的現實一樣，是由心理建構的產物」。西方觀點認為人也能透過清醒夢進行深入的心靈探索，因此你不一定要懂藏傳佛教或夢瑜伽，也能在清醒夢中找到心靈的焦點。

不過，西方與西藏的清醒夢修練有一個關鍵性的差異，就是西藏夢瑜伽將清醒夢融入自己的文化與精神信仰體系裡，而這些體系並不為現代的西方人所熟悉。在西方的認知中，清醒夢並不被包覆在如此豐富的文化容器裡。因此，西藏夢瑜伽和你對自己的清醒夢練習的理解或實踐，可能有所不同。

清醒夢的技巧層級

就跟學習任何新技能一樣，若要穩定地做清醒夢，需要投入耐心與時間練習，進度因人而異。並不是每個人都擁有做清醒夢的天分，但只要秉持正確心態就能有所成果。如果你積極練習，就能學會持續並正確地使用有效率的誘發技巧，提升做清醒夢的頻率。

雖然沒有清楚的基準可以評定清醒夢的技巧層級，但以下的敘述應該能讓你了解，清醒夢練習從新手級晉級到專家級大概是什麼樣的情況。隨著技巧進步，清醒夢的頻率與品質應該也會隨之提升。

「從頭開始接下去，接著來到最後，就停止。」

──路易斯・卡羅（Lewis Carroll），《愛麗絲夢遊仙境》（*Alice'S Adventures In Wonderland*）

新手級

身為一位新手，你可能不記得自己曾做過任何清醒夢，又或許只有剎那間的體驗。因此在這個階段，最好依賴其他人清楚的指引，誘發你進入清醒夢狀態。初學者比較不知道如何分辨錯誤訊息與有效訊息，這種時候就需要信譽良好的導師幫助你學得更快，也更輕鬆。

若是急著想在短時間內學會多項技巧，新手比較容易不知所措，因此切記要設定符合現實的目標，並以適合自己的步調學習。有些積極的初學者能輕鬆學會如何進入清醒夢狀態，往往一學到這些技巧便立刻做了一個清醒夢，有些人則需要花多一點時間。

熟練級

一旦能做更多清醒夢，你就會愈來愈了解該如何進入並保持這種狀態。你會開始認識各種在清醒夢狀態中面對的複雜狀況，並學會選擇最佳方法克服這些障礙。

你也可能開始變得愈來愈能引導夢境並達成預設目標，同時會發現由於自己在某些地方缺乏專注或覺察，而難以有效地利用清醒夢狀態。一旦開始利用成果與錯誤來改善自己在練習中的決策，你的技巧就會愈來愈精進。

高手級

累積足夠的經驗、練習與訓練後，你就能持續地在清醒夢中有更優秀的表現。成爲一位清醒夢高手，意味著你知道大多數情況該以哪些步驟因應，也懂得如何妥善規畫你的練習，並且隨心所欲地在清醒夢中達成預定目標。你擁有豐富、扎實的技能庫，讓你更有彈性，也更輕鬆地探索清醒夢境，包括在清醒夢狀態下運用不同類型的知識，例如靈修或武術等。在這階段練習到高度精通雖然可能，但相對罕見，而且要活出充實的清醒夢人生，也不需要精通到這種程度。

專家級

清醒夢專家非常罕見。要晉身這個等級，需要至少十年的辛勤練習、長時間的訓練，以及其他更專精的專家教導。專家級的清醒夢練習者通常有更高等級的清醒度，意思是他們能進入更高等級的清醒狀態，展現出他們知道自己正在做的夢的含義，而且可以爲自己創造出理想的結果。專家做清醒夢的技巧不一定完美，而且在琢磨自己的練習過程中還是會碰上障礙。做清醒夢的高度技巧，將隨著你把神經科學、心理學、各類藝術等多項領域，融入你對這種狀態的了解而有所進步。成爲精神象徵的人物，通常也會展露自己在這方面的精通及掌握。

清醒夢的先驅

探討清醒夢最早的紀錄可以上溯至亞里斯多德的時代。但比起數百年後藏傳佛教中關於清醒夢修練的詳盡紀錄，這些早期文獻可就遜色不少。在現代西方，對清醒夢研究做出重大貢獻的，則是十九世紀與二十世紀的諸位研究專家。

德理文侯爵

在十九世紀，對清醒夢的探討涵括從清醒夢狀態的詳細敘述，到對其真實性的質疑。這段時期最具影響力的著作，出自法國學者德理文侯爵（Marquis d'Hervey de Saint-Denys）之筆。他廣泛地記錄了自己的夢境，並在清醒夢狀態下進行實驗。

他在一八六七年出版的《夢境以及如何引導夢境》（*Dreams and How To Guide Them*），探討如何增加夢境回溯、進入清醒狀態，以及引導夢境走向。這本深入研究清醒夢而備受讚賞的書，在進入二十世紀後也啟發了包括弗雷德里克・范・伊登、希利亞・葛林（Celia Greene）、派翠西亞・加菲爾德（Patricia Garfield）、珍妮・蓋肯巴赫（Jayne Gackenbach）、保羅・索雷（Paul Tholey），以及大幅度普及了這個議題的史蒂芬・賴博格等學者。

史蒂芬・賴博格

雖然世人早在數千年前就發現了清醒夢的存在，但在心理生理學家史蒂芬・賴博格發表他的研究成果之前，一直沒有多少人探討如何以科學方法檢證及進入這種狀態。即使快速動眼睡眠（rapid eye movement (REM) sleep）這個夢境最鮮明的睡眠階段，在一九五三年被發現，清醒夢也不被視爲值得研究的領域，因爲科學家不相信人類在快速動眼睡眠期的知覺清晰到足以做清醒夢。而清醒夢的稀有度，以及在實驗室裡進入並研究這種狀態的困難度，更強化了這種質疑，大家都認爲清醒夢不過是白日夢的一種。

一九八一年，賴博格向世人推出了一個意識研究的嶄新範例。由於眼睛在快速動眼睡眠中會持續活動，他證明了受試者可以在做清醒夢時，以預設模式轉動眼睛進行溝通。這下子，科學家可以在進行實驗時爲清醒夢中的情節標記時間，得以用「內部觀點」探測做夢時的意識程度。

賴博格開發出如今廣泛使用的誘發方法，讓研究清醒夢狀態變得更容易。這些方法包括記憶誘發術（mnemonic induction of lucid dreams, MILD）、睡眠中斷術、保持意識進入睡眠的方法，以及利用物質及科技促成清醒狀態。

即使賴博格對夢的研究長年爲學術界的冷眼及經費斷絕所苦，但在投注數十年心血，進行更多研究的同時，他也努力向同儕捍衛自己的研究，持續爲主流學界接受清醒夢一事鋪路。拜他對清醒夢研究的努力不懈之賜，如今我們已擁有理解清醒夢的堅實基礎，也掌握了誘發清醒夢發生的最佳方法。

保羅．索雷

在一九八〇年代，德國完形與運動心理學家保羅．索雷對清醒夢研究的領域也有卓越的貢獻。一如賴博格，他發展出反映一個人意識程度的關鍵性方法，並強化了人意識到自己正在做夢的能力。

他發表了在清醒夢期間練習運動技能（motor skills）的報告，並對夢中人物的意識做了調查。同時，他對清醒夢在心理治療的應用也做出不可忽視的貢獻，藉由證實如何與清醒夢中的世界及人物互動，賦予了更多治療上的選擇自由。

索雷的研究證明了清醒夢可以透過態度及行爲的改變來克服惡夢，只要做夢者能意識到清醒夢狀態的安全性與可延展性。可惜的是，索雷的大多數德文著作尚未有翻譯本。

史丹佛睡眠實驗室

一九七七年，賴博格在史丹佛大學心理生理學系攻讀博士班，並開始研究清醒夢。賴博格對於誘發方法的改進，讓他得以在研究室裡調查數以百計的清醒夢。過程中，他證明了清醒夢主要在快速動眼睡眠期，於神經系統活躍的條件下發生。

賴博格以許多證明做夢時與醒著時有所連動的研究著稱。除了證實在快速動眼睡眠期可以刻意控制眼球運動，也證明受試者能在夢中刻意改變呼吸頻率。從可見的肌肉抽搐也可以證明，他們甚至可透過夢中握拳以摩斯密碼與旁人溝通，雖然不是太準確。

結束在史丹佛的研究之後，賴博格創立了清醒夢研究所（The Lucidity Institute），以繼續研究並教授清醒夢這個主題，持續以獨特的貢獻在如今已廣受認可的清醒夢研究中扮演重要角色。

夢的科學理論

清醒夢本身就是一個涵蓋範圍極廣的議題，但它仍是範圍更大的夢研究的一部分。自古以來，夢就啓發了無數哲學家、詩人、宗教領袖和藝術家思索它的意義及存在的理由。但隨著睡眠的神經科學在近代的發展，又催生了許多嶄新的觀點。

我們為什麼會做夢

我們爲什麼會做夢？雖然已經有許多理論試圖解釋，但至今依然是一個謎。

做夢最頻繁的快速動眼睡眠期，被認爲在大腦的發育與運作中扮演著重要角色。新生嬰兒快速動眼睡眠的時間較長，隨著年紀漸長、大腦逐步發育，快速動眼睡眠的時間也會隨之縮短，可見快速動眼睡眠對學習與大腦的發育至爲關鍵。

在經歷一段時間的睡眠不足後再入睡，你就會面臨較多快速動眼睡眠。這種效應被稱爲「快速動眼睡眠反彈」（REM rebound），同時也證明了做夢的功能需求。

研究者推測做夢的目的是幫助我們在安全的環境中排練如何因應威脅，以提升我們在現實世界裡生存的機會。快速動眼睡眠與記憶、學習、以創意解決問題，以及情緒處理，也有著密不可分的關係。

我們為什麼會忘記夢中情節

人類每晚都會做夢，雖然不是每一場夢都記得。除非你試著記憶夢中情節，否則通常一覺醒來就忘得一乾二淨。一如你很容易忘記大多數醒著時的事，你也很容易忘記自己的夢境。人類的記憶系統需要節省空間，日常生活中的經歷僅有少數細節會被存進長期記憶裡，這是因爲在意識裡塞滿了不需要的記憶，對人類的生存並沒有任何幫助。因此，你的大腦只會將最重要的資訊吸收到你對世界的心智模式（mental models）裡。

這種知識的自動過濾能幫助你學習新知，使思緒明晰化，並滿足你的生命所需。不重要的記憶將被刪除，即使被存進大腦裡，也難被普通的自覺意識所觸及。

即使如此，夢的記憶還是會比醒著時的記憶更快消失，這個現象的眞正原因至今仍未有完整的解釋。你的大腦在睡眠時的化學反應與電活動傾向，阻礙了夢境在醒來後仍被記住，而那些記不住夢境的人，通常在夜間也比較不容易醒來，這暗示著大腦在睡眠時的選擇性啓動容易使你忘卻夢中的體驗。

我們也傾向記得與自己有關的體驗，這可以解釋爲何顛三倒四、異乎尋常或缺乏情緒的夢，比起有組織、有含義或感情強烈的敘事更難被記住。此外，現代文化也不鼓勵我們與生俱來的記夢能力，而是訓練我們重視醒著時的體驗，視夢境爲不重要、無意義、應被忘卻的遐想。

但只要有意志與意圖，回溯夢境的能力就可能獲得提升，證明了你將忘記夢境視爲理所當然，其實只是一種學習得來的行爲。

夢境與現實：對大腦來說都一樣

在快速動眼睡眠期，你的大腦切斷對外的感官輸入，並根據心理性的決定因素，包括你對現實的期待、解讀、記憶與主觀，建構一個世界模型。而在醒著時，你的意識體驗也是以類似方式模擬的，但有一處不同：你的現實模型還會同時接收來自物質世界的感官輸入。換言之，知覺在做夢時的運作方式和醒著時幾乎一樣，唯一的差異是你在夢中所感知的影像並不爲外在因素所影響。

運動輸出在快速動眼睡眠期也會被切斷，很可能是爲了避免讓你把夢境當眞，但大腦對夢中體驗的解讀，還是和醒著時的體驗類似。對你的大腦而言，在睡夢中做某件事，和在醒著時做同一件事是沒有分別的。

賴博格透過一個經典研究，也就是以檢視眼球運動測量大腦活動證實了這一點。當你在醒著時以雙眼追蹤一個移動物體，你的眼睛會呈一直線的追蹤運動。但若是在想像中追蹤一個移動物體，由於缺乏一個清楚的視覺刺激，你的眼睛則會呈現忽高忽低的不穩定運動。

在觀察一場擁有高度清醒夢技巧的受試者實驗中，賴博格比較了從醒著、睡夢，到想像狀態下的運動知覺。他要求受試者往前方伸出一隻手，再將視線固定在指尖，以這隻手描出一個大圓圈。在清醒夢狀態下做出這個動作時，受試者的視線移動，和在醒著的狀態下追蹤一個移動物體時，幾乎一樣平順。這場實驗與其他幾場實驗一同證明，在睡夢中和醒著時的「看」與「做」，對大腦而言是差不多的。

夢有沒有意義？

或許你曾經好奇夢對於自己和人生是不是有什麼意義。當然，歷史上人類一直都在夢中尋找意義。在幾個世紀前，關於夢的意義的解釋全都圍繞著宗教的哲學性打轉。

直到後來，如今被譽爲心理學之父的奧地利神經科醫師西格蒙德・佛洛伊德（Sigmund Freud），才爲夢的意義賦予了心理學的解釋。佛洛伊德相信夢境之所以怪異、不連貫，是因爲它必須掩飾無法被接受的願望、被壓抑的情感，以及潛意識的內在衝突。雖然如今許多對夢的解讀已經偏離佛洛伊德的觀點，但這些解讀仍然主張夢含有有用的訊息，可爲創意及治療方面的目的做探討。

也有些人不認爲夢對個人有任何意義。這種觀點相當接近美國精神科醫師兼睡眠研究家艾倫・霍布森（J. Allan Hobson）在一九七〇年代末期所提出的理論。他的主張將夢矮化成一種人類神經學中無意義的副產品。霍布森認爲，夢是細胞在大腦最低等、最原始的組織——腦幹——在快速動眼睡眠中隨機傳送腦波的結果，代表夢缺乏任何獨特的意義。根據他的主張，大腦中較高等的組織接收到這些電波及化學訊號，才會將之拼湊成怪異、跳躍的情節。

霍布森的理論，與那些證實夢有反映醒著時的現實思緒、情緒與經驗的連貫主題的研究相悖，也忽略了大腦高層的思考中樞在快速動眼睡眠也能向下傳遞指令，還無視於許多研究的成果，它們證明了邏輯性思考、意志與自省在做非清醒夢及清醒夢時，都和醒著時同樣運作無礙。

意義與無意義之間的比重，長年來都是存在主義議論的一部分。如今，我們對判斷現實的心理性與生理性因素，以及意識在形塑意義中所扮演的角色仍知之甚少，對於夢也還沒有一個完全一致的觀點，但藉由試圖理解夢，我們對自我及心靈的運作模式，也將有進一步的理解。

解夢

有許多方法能幫助你了解自己的夢。你可能會試著透過夢中的隱喻、諺語與雙關語，理出它們可能象徵什麼，或直接將夢境與自己的人生做比對。若你試圖理解自己的夢在說什麼，或許可以思考夢境和你醒著時所追求的目標有哪些地方相似。假設夢到有昆蟲在你頭頂上飛舞，或許可以將之解讀成影射自己正遭遇的困擾，並利用這些資訊提升內省與自我理解。

解夢與清醒夢並不一樣，對做清醒夢而言也不是必須。但釐清自己夢境的含義，對你的清醒夢訓練可能有著超乎想像的助益。若能了解一場清醒夢中的事物代表什麼，就能幫助你學會正向改變夢境的方法。

本書內容重點

本書概述的教學能開闢一條學做清醒夢的路，爲你奠定堅實的成長基礎。每一章都會介紹新技能，幫助你建立最適合做清醒夢的思維。

各章概述

第二章將幫助你建立學習清醒夢啓動技巧的觀念，並協助你規畫如何、在何時練習這些技巧；第三章將幫助你發展辨識清醒夢狀態的記憶，並建立最適合清醒夢的理想身心狀態；在第四章，我們探討該做些什麼以有效維持並運用清醒夢狀態，也提供一些活動供你探索；第五章則爲你指出訓練應該朝哪些方向加強。學習清醒夢可能很簡單，但也有些複雜。可供使用的工具可能多到有點難記，所以我在第六章裡整理出一份參考指南，讓你看到在二十四小時的時程裡，使用一整套誘發技能時，大概會是什麼樣的情況。

練習

若要充分利用本書的益處，最好能定時做書中建議的練習。設計這些練習的原則，是以簡單、有條理的課題，提升你透過直接體驗來學習的能力。

清醒夢報告

阻止清醒夢研究近一步發展的障礙之一，是宣稱清醒夢缺乏直接體驗實例的主張。雖然沒有任何夢的研究報告可以證實清醒夢的存在，但這些報告仍可讓我們看出哪些是可能的，並凸顯出清醒夢複雜且多元的特質。

爲了幫助讀者進一步了解可能體驗的範圍，本書蒐羅了許多清醒夢的眞實案例，有些是我自己的，有些則來自我的客戶及學生，但爲維護個人隱私而匿名。

向清醒夢邁進

任何意識建構都無法被輕易歸類，但只要賦予清醒夢一個有效的定義，並為某些可在這種狀態下探索的目標定名，身為做夢者的我們就能獲得可大量理解並影響現實的新途徑。

需要注意的是，歷史上，清醒夢一直深植於非西方的傳統中。不過，拜現代科學之賜，如今的研究者已經能確認它們的存在，並定義出一系列幫助探索清醒夢狀態的練習、工具及科技。

如今的科學認為，夢在人類的成長及運作中扮演著關鍵性的角色，而清醒夢也同樣具有在意識演化中扮演適應性角色的潛力。睡夢中與醒著時的感知，主要差異在於外在感官輸入的有無，而清醒夢提供了一個適合排練生活，而且，根據西藏夢瑜伽的說法，也適合排練死亡的環境。

清醒夢與解夢並不相同，但為自己夜間的夢境賦予含義，可以讓你在追尋這個超凡意識狀態的過程中，獲得更多報酬、激勵與決心。

Chapter 2

做清醒夢的前提

Preliminaries to Lucid Dreaming

為了幫助你做好誘發清醒夢的準備，本章將引領你進一步了解自己的睡眠，以及該為探索清醒夢設定哪些目標。我們將介紹每晚經歷的每一個睡眠階段，以幫助你規畫該使用哪些清醒夢誘發技巧，同時也將傳授你優化睡眠習慣的訣竅。

需要注意的是，學習做清醒夢的起點，就是學會記憶你的夢境。只要謹記這一點，本章便能教你如何鍛鍊高度的夢境回溯能力。如此一來，你就能熟悉那些將要意識到自己正在做夢的情境。學習夢境回溯最好的方法，就是把夢中情節寫下來，建議你最好開始為自己的夢做紀錄。

在強化夢境回溯能力的同時，你也該預先為在下一場清醒夢中進行哪些探索做好心理準備。本章結尾將教你如何釐清在清醒夢的世界裡應達成哪些目標，同時又保持開放態度，以迎接夢中的意外驚喜。

睡眠的四個階段

你在每天晚上通常都會經歷四個睡眠階段，而這些階段可以分爲兩大類：「快速動眼睡眠」與「非快速動眼睡眠」。在非快速動眼睡眠中，你會從入眠期（N1）進入淺眠期（N2）和深眠期（N3）。接下來，你會從深眠期回到入眠期，然後第一次進入快速動眼睡眠期。人類每天晚上都會經歷數次這種循環，每次循環平均耗時九十分鐘，但時間長短可能因人而異。此外，你在一整夜中也會經歷數次的微甦醒，這是正常的。

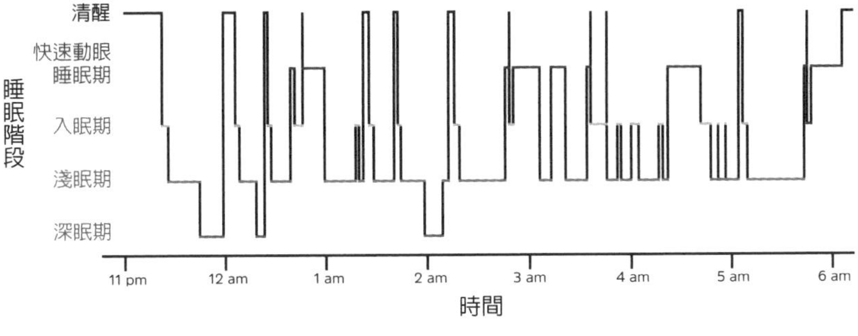

圖2.1　睡眠結構圖（Hypnogram）

上表：一位三十一歲男性的各睡眠階段。

資料來源：清醒睡眠與精神疾病治療中心（Lucidity Sleep & Psychiatry），加州聖地牙哥。

快速動眼睡眠期

與夢及清醒夢最有關的睡眠階段，就是快速動眼睡眠期。人在其他睡眠階段也會做夢，但比起非快速動眼睡眠的各階段，從快速動眼睡眠期醒來時，你比較有可能完整記取夢中多彩的敘事性體驗。在快速動眼睡眠期記錄的大腦活動，模式與醒著時頗爲接近。由於大腦雖然處於睡眠狀態，但又看似醒著，因此這個階段也是俗稱的「矛盾睡眠期」（paradoxical sleep）。

人在一夜的睡眠裡會經歷幾次快速動眼睡眠，取決於許多因素。快速動眼睡眠的頻率會隨年齡增長而遞減，也會被某些藥物及酒精或大麻等物質所抑制。反之，憂鬱症等心理障礙及特定藥物（例如治療阿茲海默症的乙醯膽鹼酯酶抑制劑〔acetylcholinesterase inhibitors〕等）則可能增加快速動眼睡眠的頻率。

一般成年人在一夜的睡眠中，平均會經歷四至五次快速動眼睡眠，意即在每晚的睡眠中，大約有兩小時處於快速動眼睡眠。剛入眠時的快速動眼睡眠期很短，但愈接近晨間就愈長。雖然在任何一次快速動眼睡眠期都可能做清醒夢，但由於睡眠後半段的快速動眼睡眠的時間較長，頻率也較高，可以幫助你專注於誘發練習。根據經驗法則，每九十分鐘就有機會在快速動眼睡眠中做到清醒夢。

入眠期（N1）

N1睡眠又被稱爲「輕度」或「過渡性」睡眠，因爲這個階段發生在從醒著過渡到入睡的期間。在這個階段，你逐漸失去對外在環境的覺察，呼吸與心跳等身體活動也開始放慢。大多數入眠期睡眠發生在一場睡眠的最初與最後部分，在平均八小時的睡眠中占不到一個小時。

從醒著過渡到入眠期的期間，入睡前幻覺（hypnagogic imagery）可能以各種視覺性或非視覺性影像的形式出現。只要謹慎留意，你就能注意到這些影像。可視性的入睡前幻覺看起來宛如在你緊閉的眼簾內，或在你心中的「眼」前浮現，這些影像可能是色彩漩渦、幾何圖形、移動的陰影、清晰的臉龐，甚至是完整的場景，也可能包含聲響、話語或墜落等其他感官知覺。在睡前進行長時間且重複性的活動，例如打電玩或在波濤規律的海洋上航行，可能導致入睡前的幻覺中充斥著類似的影像。

淺眠期（N2）

淺眠期占睡眠的一半以上。在此睡眠中，你的大腦及身體的活動持續變慢。淺眠期與入眠期的睡眠時間都會隨著年紀增長而變長，導致快速動眼睡眠及深眠相對變短。

深眠期（N3）

N3的深眠期在一晚的睡眠中平均約占一小時至九十分鐘。這個階段大都發生在睡眠剛開始時，在後半段的睡眠中則鮮少發生，甚至完全不會進入深眠期，而睡眠者處於這個階段時最難喚醒。這個重要的睡眠階段對你的免疫系統至關重要，也會活化身體組織的生長與修復功能。深眠期在睡眠中占的比重會隨著年齡增長而遞減，也會被諸如咖啡因或酒精等物質所抑制。

睡眠癱瘓

在快速動眼睡眠期間，你的肌肉會隨著大腦停止向身體傳送電波及化學訊號而陷入癱瘓，這種暫時性的情況稱為「睡眠癱瘓」。每個人在夜間的睡眠都會經歷睡眠癱瘓，雖然大多數人對此毫無自覺。

對進入睡眠癱瘓產生自覺，通常發生在剛進入或剛脫離快速動眼睡眠期時。這種狀態對人完全無害，雖然有可能感覺怪異或不舒服，你可能感覺自己的軀體在床上變得沉重、無法動彈，也可能產生其他不尋常的感覺。（見p.94）

除了在清醒夢狀態以外，未接受治療的醫學疾病（例如呼吸中止症及嗜睡症）患者也經常體驗到睡眠癱瘓，在承受心理壓力時也比較可能發生。在清醒夢的練習中，覺察自己正處於睡眠癱瘓的感知是可以被刻意誘發的，好讓你以一種有助於進入清醒夢的態度面對它。對許多清醒夢練習者而言，有覺察地體驗睡眠癱瘓，是一件舒適且迷人的事。

養成良好的睡眠習慣

健康的睡眠習慣能幫助你做更多夢，並為你帶來更多意識到自己正在做夢的機會。充足的休息也能幫助你更專注地利用各種意識到這種做夢狀態的技巧。

此外，清醒夢鍛鍊需要為夜間睡眠增加一點「清醒度」，也就是需要從半夜的夢境中醒來，以記取夢境並使用誘發技巧。因此，建立有利於輕易且迅速入眠的習慣是很重要的。

睡眠保健

以下是一套能幫助你改善睡眠效率與品質的彈性方案。

- **限制光照**。光照會影響你體內執掌白晝警覺及夜間休息的生物性週期。盡可能每天多接受明亮的晨間日照，深夜則盡可能降低人工照明的亮度。在睡前至少三十分鐘至六十分鐘內關掉所有電器用品。

- **床僅限於睡眠及親密關係使用**。避免把看電視或上網等清醒時的活動帶到床上。這些活動會將你的心理狀態調適成躺在床上也容易受干擾、無法專注，會對你的睡眠品質及聚焦內心夢境造成障礙。
- **睡前放鬆心情**。利用睡前的三十分鐘至六十分鐘做些有助於放鬆的事情，例如閱讀、梳洗或與心愛的人共享美好時光。放空，拋開白晝的煩惱。

遵循這幾個建議，讓自己的身心能以最高品質的睡眠進行自我修復。這將幫助你在日間以最高效率辦事，並提升你在夜裡做清醒夢的能力。

練習放鬆

入睡前放空思緒，專注地想想自己日間做了哪些讓你開心的事，避免對未來做任何計畫、產生任何擔憂，或是重溫過去的回憶。以冥想的態度控制呼吸、放鬆肌肉，想像自己正置身於一個平靜的大自然裡，也能幫助你放鬆。精進放鬆技巧可以提升你的睡眠品質，對誘發清醒夢也有所幫助。

期待夢境

大多數人不認爲自己每晚經歷的神奇夢境有多重要。躺上床時，不妨帶點好奇心，期待自己即將造訪的夢境。謹記你即將進入夢鄉，而且可能獲得幾個在清醒狀態下記住夢境的機會。

夢境回溯

前文提到夢境回溯的能力是提升清醒夢頻率不可或缺的條件。因此理所當然的，較常做清醒夢的人，也比較擅長記住夢境。若是夢境回溯能力低，就無法知道做清醒夢需要注意哪些事項。雖然有些人天生就擁有高於其他人的夢境回溯能力，但只要觀念正確，這種能力其實很容易強化，有時只要努力記住夢境，一覺醒來把情節記錄下來即可。以下就是幾個有助於強化夢境回溯能力的練習。

事前提醒

進行清醒夢鍛鍊，必須事先練習如何記住自己的夢境。入睡前，提醒自己即將做幾場夢，並告訴自己屆時要記得醒來，記住夢境內容，並把情節記錄下來。

留意夜間甦醒

在正常的夜間睡眠中，你會經歷幾次意識朦朧地醒過來，接下來又迅速入睡，這些夜間甦醒就是回溯並記下夢境最寶貴的機會。但是，你通常不會留意這些甦醒，即使知道自己曾經醒過，也很快就會忘記。每當在夜半時分醒來，務必提醒自己醒了，並把握這個機會回溯夢境。只要有意願，這麼做可以幫助你培養在一夜之間記得幾場夢境的能力。

記下夢境

夢境回溯與夢境紀錄相輔相成。倘若不把夢境記錄下來，就難以培養清醒夢鍛鍊所需的高度夢境回溯能力。醒來的那一刻，盡可能記下所有能記起的細節。你做紀錄的時間拖得愈遲，記憶就愈可能變得模糊，乃至消失。這可以幫助你養成記錄任何事情的習慣，即使只是一閃而過的影像，也務必記下。

躺平不動

倘若你初次夜間甦醒所做的夢境回溯效果不彰，試著躺平不動、閉上雙眼，維持睡眠姿勢不動，再試著回想一次。維持身體不動可以讓你充分利用自己的情境關聯記憶（state-dependent memory），也就是當你回到記憶發生時的環境，或是恢復記憶發生時的姿勢，更有助於回溯記憶。

喚起你的記憶

如果你回溯夢境時進行得不順利，不妨過濾一下自己最有可能夢到什麼。回想這些經驗、象徵或主題是否曾經出現在你試圖回溯的夢境裡。你也可以試著把記憶依大家最常夢到的事物做分類，再做筆記。例如，將夢中要素概略分為場景、情緒、顏色，或是走路、交談或開車等行動，回想自己夢中有哪些符合這些分類的事物；或是試著躺在床上依字母順序（或是注音符號）回溯夢境，例如回想夢中出現了哪些字首是「A」、「B」、「C」，或拼音是「ㄅ」、「ㄆ」、「ㄇ」的事物。

設定鬧鐘

倘若你睡得太熟，幾乎完全無法回溯夢境，可以試著利用鬧鐘加強自己的回溯能力：記得在睡夢中約每隔九十分鐘就會經歷一段快速動眼睡眠，將鬧鐘設定在清晨你最有可能做夢的時間，例如在熄燈後四個半小時至六小時之間的時段。也可以將鬧鐘設成每隔九十分鐘將自己喚醒，每次醒來都問自己：「我剛才夢到了什麼？」並套用其他回溯技巧還原夢境。

實踐重點：為夢境回溯做準備

今晚睡前，下定決心要記住自己的夢境，而且還要起身做筆記，也別忘了提醒自己，大約每隔九十分鐘就會做夢，每一場夢之後都有一個醒來做紀錄的機會。此外，務必記得整個晚上會有幾次意識朦朧的自然甦醒。下定決心甦醒，並在醒來時告訴自己：「我醒了。剛才夢到了什麼？」努力回想夢境，並盡可能詳盡地把它記錄下來。

夢日記

欲養成清醒夢鍛鍊所需的高度夢境回溯能力，你必須開始頻繁地將自己的夢境記錄下來。你的夢日記，將成爲判斷自己需要哪些提示來幫助記憶夢境的主要參考，同時也將成爲提升你從夢中推演出含義與獲得啓發的珍貴資料。

隨時記錄

將所需用品，如筆、筆記本、照明集中在床邊，以便一從夢中甦醒就能立刻取得。你可以買一支附燈光的筆，省掉開燈或開手電筒的麻煩，或者也可以使用錄音工具或電子產品的應用程式做筆記。

關鍵字

或許每天晚上得記錄夢中的大小細節，會讓你覺得辛苦。如果你的時間和體力不允許，至少可以記下夢中的幾個要點，例如主要情節、場景、人物或情緒。若是你的生活忙碌，或夢境回溯能力很強，使得記下夢境中的一切顯得不切實際，那麼只要寫下關鍵字，保存一份記錄自己大致做過什麼樣的夢的日誌也好。若是回溯能力低，而你希望有所進步，那麼最好盡可能寫下你所做過的每一場夢，以及還能記起的所有細節。

如何記錄你的夢境

以結構性的格式整理自己的夢日記，可以有效率地記錄你的夢境，並網羅每晚在夢中遊歷的重要資訊。以下就是可供參考的大綱。

● **日期**：寫下做這場夢的日期。

● **標題**：以類似爲詩或電影命名的邏輯，給自己的夢一個標題。若不知道該從何著手，不妨以這場夢的精髓爲出發點來思考。標題可以幫助你回憶從前記錄的夢境，也可以將之視爲這場夢對自己有什麼意義的隱喻。

● **夢境敘述**：在這個部分盡可能記下所有你能憶及的細節，包括夢中的事件次序、所有人物、場景、感覺，以及自己的反應。

● **情緒**：描述你在夢中的情緒，包括它們在什麼時候產生，並說明你認爲當時爲何會產生這些情緒。除非你刻意留意，否則在內心世界產生的覺察經常被忽略。最好能提高你對夢中情緒的注意力，在往後做夢境回溯時，這些情緒可能成爲很有用的提示。

● **想法與看法**：寫下你在夢中出現的想法及基本信念。做清醒夢是需要思考轉換的，這能幫助你強化夢中思考模式下的覺察。

● **夢後感想**：甦醒後，記下你對剛才的夢的所有感想。有些人會利用這部分解讀夢境的含義，或以此爲本，做進一步的沉思或探討。

實踐重點：寫一則夢日記

以下是一篇完整的夢日記寫作範例。有彈性的寫作格式，應該能幫助你思考如何建構自己的日記，大幅強化對夢境的覺察。

日期：九月二十三日

標題：後座駕駛

夢境敘述：得去接兒子下課，上了車卻找不到鑰匙。這時引擎突然啓動，我認爲可能是老公裝了免鑰匙啓動系統卻沒告訴我。車子很難操控，我不斷轉進不同的車道。這時，我才發現自己竟然坐在後座開車，不禁納悶車廠爲何把車子做成這個樣子。

情緒：找不到鑰匙時，我擔心遲到會惹得兒子不高興。無法好好開車讓我感到恐懼，急著想知道坐在後座該如何才能把車開好。

想法與看法：鑰匙到哪裡去了？我不記得自己的車有免鑰匙啓動系統，可能是老公幫我裝的。這輛車失控了！我得把它送修，駕駛座設在後方實在太危險了。

夢後感想：我的車眞的需要進廠修理，這場夢可能包含我醒時生活裡的一些思緒。兒子希望能改變晚上不准外出的規定，我跟老公在這件事情上談不攏，我很好奇這場夢是否和這件事有關。

在清醒夢中探險

我沿著陽光普照的陡峭斷崖邊緣行進，這時，突然想起必須意識到自己正在做夢，也想起：「這是一個飛行的好機會！」我讓自己飄向空中，沒想到竟然很容易就辦到了，就這樣在一條急流上方、有著茂密森林的金黃色峽谷中飄升。我心中充滿喜悅，忍不住向這場夢高喊：「謝謝你！」感謝它給予我這場難以置信的體驗。結束飛行之後安全降落，幾個夢中人物朝我走來，恭賀我完成了這場清醒夢。

訂立清醒夢目標

清醒夢的時間寶貴且短暫。你能探索的選項非常多，但若不事先規畫好在夢中該做些什麼，或許你還沒來得及採取任何有價值的行動，一場夢就結束了。欲好好把握時間，就應該訂立清楚明確的夢中行動目標。或許你無法每次都預測到夢境情節能否讓自己在清醒夢中追求特定體驗，但事前訂立明確想法，必定能增加成功的機率。

規畫特定的行動

在日記中，列出一份在清醒夢裡想達成的目標清單。每個目標都必須明確、可行。避免訂立過於模糊的目標，例如：「只要能誘發清醒夢就好。」

要以腦力激盪列出應該採取哪些行動，可以想想在自己的生活中有哪些事情最重要。訂立可以在清醒夢中滿足你人生欲望的目標，不論是藝術、心靈、歷史、運動、愛情、冥想或是意識的本質，哪方面的目標都好。接著再明確地列出自己在清醒夢中可以採取哪些行動，以幫助你在這些領域進行探索。

你也可以想想自己有哪些事在醒著時無法或較難做到。例如像超人那樣翺翔天際，對初學者而言就是一個有建設性的絕佳目標。不僅因爲飛行很過癮，同時也能讓你感覺到只要擺脫醒著時的先入爲主觀念，現實其實可以是柔軟、可控制的。

入睡前，決定一件你將在清醒夢中採取的行動，以增強你誘發清醒夢的意志及專注力。

為自發性預留空間

雖然能訂立明確的目標最好，但同樣重要的是預留空間以自發地探索清醒夢。因此，你應該在訂立目標的同時，也保留一些空間觀察及探索清醒夢狀態，而並非一定要改變它。事實上，在夢中執行一個事先規畫的行動，也可能讓你錯失夢中其他有趣且值得探索的要素。相對的，如果絲毫不嘗試改變自己在現實中的觀念，在夢中能觀察到的轉變也不會太多。隨著經驗的累積，你將學會在這種權衡中爲自己找到最好的平衡點。

原型夢

「原型夢」（Big Dreams）是二十世紀瑞士心理學家卡爾・榮格（Carl Jung）所定義的概念，意指源自比自我還大的事物的夢。他相信原型夢來自一個更深層、更寬廣，且為全體人類所共有的意識層次，這種夢被視為層次較高的夢，也因其深遠的意義而珍貴。

清醒夢常會讓你感覺驚人或神奇，有時候一場清醒夢甚至會帶來大幅轉變，讓人感覺它的含義似乎和自己有某種超越性的關聯。這種清醒夢通常會跟隨你，讓你感覺自己變得更強大，與宇宙萬物之間有了更重要的意義與關聯。很可能是因為清醒夢狀態帶來的高度感知力、回溯力，以及有目的性的意志，讓人更有機會做到這類原型夢。

爲清醒夢做好準備

了解睡眠階段，並學會提升睡眠品質後，你就可以開始學習如何做清醒夢。「記住自己的夢境」是清醒夢鍛鍊的強力支柱，因此務必養成隨時記錄夢日記的習慣。

你會發現事前訂立明確目標，可以幫助自己充分利用在清醒夢中的時間。要強化誘發出夢中清醒狀態的專注力與意志，可以在睡前提醒自己，一旦意識到正在夢中，應該採取哪些明確的行動。

在下一章，你將開始學習誘發清醒夢的技巧。

Chapter 3
各種誘發方法

Methods of Induction

若想頻繁且隨心所欲地做清醒夢，你必須明確計畫自己要做什麼，以及如何做到。成功與否取決於你能將「心向」（set）與「心設」（setting）兩個要素優化到什麼程度。「心向」是指用於意識到自己身處夢中的知識、態度及行為；「心設」則是指大腦的生理狀態。

做清醒夢的「心向」，需要養成設定特定目標並採取實際行動的能力，才能讓你在夢中也能意識到自己身處的狀態。這可以藉由訓練自己辨識出夢境與現實的特徵——也就是夢徵象（dreamsigns）——來達成。如此一來，你就可以透過記憶練習，來強化一旦發現夢徵象就能認知到自己正在夢中的意圖。

另一個做清醒夢需要的條件，就是大腦的活化狀態。清醒夢很可能在大腦高度活化時出現，也就是整晚睡眠中大腦最清醒的快速動眼睡眠期。在平時的睡眠中，每晚會出現幾次這種生理條件最適合做清醒夢的機會。某些方法可以強化你的「清醒度」，也就是大腦在快速動眼睡眠中的活化程度，這些方法包括睡眠中斷術或利憶靈這種強化記憶的藥物。

本章將教你如何養成並融合各種誘發清醒夢的技巧。耐心學會每一種技巧，一旦你對自己的能力有信心，再盡可能充實自己的技能庫。清楚意識到自己身處夢中的能力，可能無法在一夕之間養成，但持續練習並逐步改進，可以幫助你更快進入狀況。

夢徵象

夢有許多可供你分辨它並非現實的特徵，這些特徵稱為「夢徵象」，可視為提醒你正在做夢的提示。在夢中，通常你不會意識到自己的體驗有多獨特，而是單純地以為這些都是眞的。倘若你注意到情境有點奇怪，可能會試著合理化這些體驗，而不是意識到這只是一場夢。舉例來說，如果你在房子的地基上發現一道剛出現的大裂縫，可能很快就會推論應該是地震造成的，而非想到這可能是一場夢。雖然你在夢中會偏向把夢境當眞，還是可以訓練自己藉由強化思緒與夢中事件的連結，換個方式思考。

辨識夢徵象

夢徵象可解釋成醒著時的現實世界不太可能發生的事件。這些事件通常讓人感覺不尋常，或不太會、甚至不可能在現實世界發生。例如，你可能夢到自己離婚，但現實裡的婚姻還好好的，或是身處一個在日常生活中不太可能會去的陌生地點。

換個角度來說，夢徵象可被解釋成唯有在夢中才會發生的事件。換言之，這些事件可能很夢幻，或極具個人夢境的特色。例如，你可能夢到自己找不到某個東西或地方，例如汽車停放處或寄宿的旅館房間，或是夢到自己無法把事情記得像平常那樣清楚，例如忘記自己選了某一堂課。在夢中，你可能會注意到自己頻頻產生某種情緒，例如驚訝或困惑，或是常常注意到有些事物很奇怪。

要加強對夢徵象的覺察，你必須經常練習在自己的夢境中找到它們。記錄一場夢以後，標示出夢中有哪些元素是讓你知道自己正在做夢的提示。你也可以將自己的夢徵象列成一份清單並定期複習，加強在未來的夢中找出它們的能力。

強化留意夢徵象的決心

你可以把夢徵象視爲記憶目標。利用意圖設定策略，可以幫助你找到自己正在做夢的夢徵象，某些夢徵象有頻頻出現的特性，這一點也很有幫助。因爲你能期待某個一再出現的夢徵象在未來的夢裡也會出現，讓你在往後的夢境中再次遭遇時可輕易發現它。

你有可能在沒有夢徵象提示的情況下，突然意識到自己正在做夢嗎？的確有。但不論是在夢中還是醒著時，也不論你有沒有意識到，思緒隨時都在處理來自周遭環境的資訊。即使你沒留意到可能會有的任何前兆，夢徵象也總是在爲清醒夢中的思緒做準備。比起毫無規畫地枯等清醒夢有朝一日降臨，留意夢徵象以提示自己進入清醒夢狀態，是比較有效率的手段。

夢徵象的種類

夢徵象呈現的方式形形色色。只要將它們看似迥然不同的特徵歸類成幾種基本類別，在夢境中就很容易找到它們。

賴博格曾以一系列實驗探討夢徵象出現的方式，最後再將它們濃縮成四大類型：形體（form）、情境（context）、行動（action）、內在覺察（inner awareness）。其中「行動」與「內在覺察」是最有可能促成清醒夢的兩種類型。包含愈多夢徵象的夢，就愈有可能成爲清醒夢。

表3.1　賴博格的夢徵象類別表

類型	說明	例子
形體	你在夢中的身體、其他人物或物體經常變得怪異、扭曲、變形，而且這些是常在你的夢中出現的現象；在熟悉的場景或地點出現一些不尋常的特徵；有些物體可能突然消失，或是你一直找不到某樣東西。	我夢到走到門口拿報紙，轉過身來卻發現家不見了；或是公廁門底下的縫隙竟然和自己的胸部一樣高。
情境	你發現置身於一個日常生活中不太可能去，但經常在夢裡出現的地方或情境。	夢到自己在小時候住家的廚房裡。
行動	在現實世界顯得奇怪或不可能，或屬於夢境特徵的單一或一連串行動。科技常會變得不太靈光。	我踩下車子的煞車踏板，但煞車失靈了；或是我拿掉眼鏡，視野依然清晰無比。
內在覺察	身體感覺奇怪或與平時有異，或者經常在夢中感受到的特別感覺。產生怪異或只有在夢裡才會出現的想法。比平時激烈或通常在夢中才會湧現的情緒。	感覺身體重得像鉛塊。我告訴自己：「這很奇怪！」或是驚訝地發現某個事物變得和平常不太一樣。

實踐重點：記錄並為夢徵象進行分類

複習你的夢日記，辨識出夢中哪些特徵是夢徵象，接著再列出一份包含你的所有夢徵象的清單。在每個夢徵象旁邊，記下它應該被歸類爲形體、情境、行動，還是內在覺察。畫圈圈、畫線或以螢光筆標記會一再出現的夢徵象。

請注意，四個類型的夢徵象數目要盡量均等。有時候一個夢徵象可以同時被歸類爲多種類別，這取決於你關注的是意識的哪個層次。在夢見自己兩腿癱瘓跑不動這種最常見的夢境中，無法行動這一點可以被歸類爲「行動類」，而雙腿變沉重的感覺則可被歸類爲「內在覺察類」。

清單會隨著你回溯的夢境增加而變長，下回碰到這些或其他夢徵象時，一定要記起自己正在夢中。

清醒夢的記憶誘發術

現在，你已經具備了在未來下定決心並採取行動的能力。其實這種記憶能力在日常生活中時常用到，例如你會記得回覆某人電話、把信件或包裹投入信箱。

清醒夢的記憶誘發（Mnemonic Induction of Lucid Dreams, MILD）是一種前瞻性記憶技巧，能夠幫助你設定及執行「記得自己正在做夢」的目標。

賴博格在論文研究中開發出這種誘發方法的目的，是爲了提高人們憑意識進入清醒夢狀態的成功率。

在清醒夢中探險

我做了一連串被狼群威脅的夢。夢到我和朋友們在荒野的一棟小木屋裡，狼群開始包圍我們。出於恐懼，我有時奔逃、有時躲藏，有時則和大家聯手自衛。

後來，我發現這群狼經常在夢中出現，讓我下定決心在下一場狼群出現的夢裡保持清醒，並與牠們對峙。我決定下次夢到這群狼時，一定要告訴自己這是一場夢。

果然，我又夢到了牠們。當時，我正和朋友圍著營火舒適地坐著，突然間有一群生物朝著木屋奔馳而來，把大家嚇得驚慌失措。

「狼群來了？」我起身告訴自己：「這是一場夢！」

一隻銀灰色的狼衝進來，朝我飛撲而來，然後我張開雙臂歡迎。牠以鼻頭輕觸著我，跟我撒嬌，我摸摸牠並謝謝牠來看我。

這時，牠突然開始暴怒，在我捧著牠的頭時向我咆哮。我想要讓牠舒服一些，就輕撫牠的雙耳並問牠：「我該怎麼幫你？你需要我做些什麼？」這時牠又恢復平靜，並舔起我的手和臉。

我將這一連串惡夢轉變成和平且發人深省的美夢，並為此感到雀躍不已。截至今日，這群狼都沒有再以惡夢的角色出現；同時，我也進一步發現「狼」這個象徵已經開始融入我在現實生活裡對意義與自我理解的追尋中。

以三R法鞏固決心

仔細想想自己在日常生活中都是以哪些方法做決定。你可能只是單純地告訴自己等一下將做某件事，甚至可能在一整天之內，定時提醒自己這個意圖好幾次，或是具體設想該採取哪些步驟把這件事做完，也可能用白紙黑字把計畫寫下來。

假設你想提醒自己改變某種行爲，例如晚上忘記刷牙。當你醒來並想起自己昨晚忘記刷牙時，你可能會在心裡排練睡前該做些什麼，並加上「刷牙」這一項，這可能會幫助你在隔天晚上記得刷牙。

若要強化誘發清醒夢的意圖，記憶誘發術能透過一連串步驟幫助你規畫如何意識到自己正在做夢，以及在清醒夢中有效達成目標。

在夜間，從夢醒到重返睡夢中的這段期間，最適合進行記憶誘發術。從夢中甦醒時，務必記住剛才的夢境，並套用俗稱的三R法練習。三R分別是指：重寫（rescript）、排練（rehearse）與提醒（remind）。重複進行這三點，直到你對於「下次做夢，我會記得自己正在做夢」有自信爲止。

1. 重寫

從夢中甦醒時，決定如何將夢中的事件重新排列，包含清醒夢。選擇夢中的某個時點，那是你留意到一個夢徵象並告訴自己「這是一場夢」，接著假設你一直記得自己正在做夢，也完成了某些有意義的行動，將夢境的其他部分重寫一遍。

2. 排練

想像你回到夢境中，唯一的差異是這次體驗到的，是以清醒狀態做夢的前提下重寫後的新版本。試著想像自己進入清醒狀態，及這場清醒夢的其他部分是什麼樣貌，同時反覆想像，直到你能想像在這場夢裡記得自己正在做夢為止。

3.提醒

設定一個提醒機制：當你重新入睡並開始做夢時，會記得自己正在夢中。告訴自己：「下次做夢時，我會進入清醒狀態。我可能會看到從前的夢境中相似或完全不同類型的夢徵象。看見夢徵象時，我會記得自己正在做夢。」再次睡著前，重複默念這個提醒。

記憶誘發術也可以在白天練習。本質上，你重複提醒自己今晚一定要誘發清醒夢。你可以練習將最近做過的非清醒夢當作清醒夢並將之重寫，接著再以想像將重寫的版本排練一番。重複這種想像，直到確認你已經將這個意圖牢記於心。

記憶誘發術的實用訣竅

記憶誘發術的本質很單純，但有些地方又有點複雜。本節將提供一些能幫助你理解它，並在晚間入睡時利用它的訣竅。

當你在夜間甦醒後利用三R法，可能還沒完成所有步驟，就再度睡著了。為了避免這種情況，你一定要提醒自己在重新入睡之前要在瞬間完成三R法。

若是你無法在夢醒後記得夢境，還是可以練習記憶誘發術。只要選擇最近某個很清晰的夢，並把它當作清醒夢加以重寫及排練即可。

在重寫並排練一場近日的夢境後，你可能會誤以為下一場重新入眠的夢應該就是這個模樣。但這種情況極少發生，而且這也不是記憶誘發術的目的。記憶誘發術是以你思緒中的影像為訓練場，藉此為需要哪些努力才能注意到自己置身夢中進行排練，並強化你意圖誘發清醒夢的能力。

練習三R法時，思緒務必縝密。每次都要連續練習幾回。有時以慢動作，有時以快動作的形式做排練。將夢中的各個層面盡可能想像得詳細、鮮明，尤其是你產生了哪些想法及感覺這一類較細微的層面。

將夢境徹底重寫，不僅加入了你知道自己正在做夢的假設前提，更重要的是，也要精準寫出你在什麼樣的思考轉換下想起自己正在做夢。你愈能以鮮明的夢中影像來想像進入清醒夢的情況，在未來的夢境中就愈容易迅速進入清醒狀態。除了想像自己做清醒夢的情形，你也可以利用替代性、輔助性的方法，幫助自己排練做清醒夢會是什麼情況。例如，你可以將自己的夢境重寫在日記中，或以口語詳細描述清醒夢所演變出來的新版敘事。

雖然利用夜間甦醒時練習三R法的目標，是讓下一次做夢時能以清醒狀態進入夢境，但不一定每次都會成功。不過，練習三R法還是有意義的，因爲這能讓你投入所需的努力，並強化發現夢徵象的心理企圖。

務必持之以恆，因爲記憶誘發術的訓練累積愈多，就愈能把技巧琢磨得更精湛，讓你更完善地做好下一次誘發清醒夢的準備。

實踐重點：利用睡眠時間練習記憶誘發術

每晚，你都會經歷幾次快速動眼睡眠期，代表你一個晚上有多次機會可以練習記憶誘發術。如果你想找一個晚上專注於誘發清醒夢，這一點尤其有幫助。但是，你不必在每一次夢醒時刻或每一天晚上都運用記憶誘發術。你可以用放鬆的心態來對待它，只在有動力要專注於練習時再運用就好。

不過，倘若你想將記憶誘發練習的效果極大化，以下是從關燈上床到翌日早上起床之間，完整執行整套記憶誘發術的過程，或許可提供你參考。

1. 關燈時

- **下定決心做夢境回溯**：記得在夜間甦醒時留意，並記住剛才的夢境。
- **使用三R法**：把最近的一場夢當作清醒夢並重寫及排練。重複默念「下次做夢，我會記得自己在做夢」，並確保這是睡著前腦海裡的最後一個念頭。

2. 夜間甦醒時

- 明確提醒自己醒了，並回想剛才的夢境，將細節寫進日記裡。
- **再次使用三R法：**把剛才做過的夢當成清醒夢重寫並排練。若你沒能記住剛才的夢，就以你記得的最近一場夢取代，並於再次睡著前重複默念「下次做夢，我會記得自己在做夢」。

3. 起床後

- 回憶剛才的夢境並將之寫下。
- **再次使用三R法：**把你記得的最後一場夢當成清醒夢重寫並排練。由於你將要起床展開一天的生活，重複默念「下次做夢，我會記得自己在做夢」。

反思你的意識現況

在醒著的時間裡，可以藉由反思你的意識現況，持續強化誘發清醒夢的心向。大多數人很少想到人可以在醒著的狀態下做夢。你沒有多加思索就認爲自己是醒著的，但正是這種先入爲主的判斷，妨礙你意識到自己正在做夢，因此你必須學會質疑這種根深柢固的觀念。只要勤於練習，你就能做好「意識到自己正在做夢」的心理準備。

「我醒著嗎？」

現在，想想自己是否醒著。如果你相信自己是醒著的，你怎麼知道這是眞的？能否解釋你爲何可以如此確定自己不是在睡夢中？

判斷自己是否醒著的最佳方法，是先觀察周遭是否有任何夢徵象。你有沒有注意到任何怪異或不尋常的現象？有沒有任何經常在你夢中出現的徵象？有沒有任何感覺如夢似幻的事物，可被歸納爲形體、情境或內在覺察等幾個類別？

即使當下你沒發現任何徵象可以證明自己正在做夢，你又怎能確定自己是醒著的？即使你沒醒著，你對自己正醒著的認知也只是局部的，即使再努力尋找，也會頻頻錯過證明自己正在做夢的提示。所以，你如何信任自己正醒著的判斷？

被問到這個問題時，大家回答的理由之一，是自己無法做出不可能的壯舉，例如翱翔天際或手能穿牆，這就是所謂的狀態檢測（reality testing）或現實檢測（reality testing）。

狀態檢測是一種藉由誘發出特定類型的夢徵象，以測試你認爲自己醒著的判斷是否屬實的方法。不過，你在夢中行動的結果可能受到期待的影響，並非每次都能符合預測，因此狀態檢測並不適用於判斷你是否在夢中。

舉例來說，如果你相信自己醒著，會預期雙手無法穿透一座厚實的牆，這會讓你在夢中無法盡情發揮，阻止你意識到自己正在做夢。

換言之，狀態檢測有時有效，有時無效，因此把它用在練習判斷自己的意識狀態並不準確。不過，可能也有例外，以下介紹的「重讀狀態檢測」（re-reading state test）就是一例。

重讀狀態檢測

有些夢即使看起來非常逼真，依然缺少外來的感官訊息。因此，你在夢中所感知的影像，其穩定性會比在現實世界裡的影像還要低。

在夢中，某些知覺總是比其他知覺不穩定，重讀字體較小的文字尤其如此。賴博格開發重讀狀態檢測的用意，是強化做夢者對自己眞正的意識狀態的判斷力。如果你在夢中閱讀文字，例如一本書中的幾個字，先將視線移開，再回頭讀同一段文字，絕大多數時候，文字的內容都會有所改變。這類改變可能是詞彙、字體、字體大小的差異，甚至所有文字都消失了。

在確認周遭沒有任何夢徵象，而你相信自己醒著時，接下來你可以做一場重讀狀態檢測，進一步確認自己的狀態。讀一段文字，看看其他東西，再將視線移回這段文字。如果文字完全沒改變，再重讀一次，不過這次要期待文字將有所改變。賴博格的測試證明，如果你在夢中進行重讀狀態檢測，文字有九十五%的機率會有所改變。

每天在醒著時練習數回重讀狀態檢測，可以進行「淡化你對自己正醒著的判斷」的排練，讓你的思緒為下次做夢時做好準備。如果你在夢中錯過自己發現夢徵象的機會，重讀狀態檢測可以當作一個提醒你務必做清醒夢的保險機制。

進階清醒夢練習者如何誘發清醒夢

擅長做清醒夢的人，在狀態檢測中不容易進入清醒狀態，因為他們經過扎實的訓練，具備輕易找出夢徵象的眼力。但也由於夢徵象不會在他們醒著時出現，他們會在白天練習重讀狀態檢測。這可以幫助他們更有效地反思自己的意識狀態，強化他們認知到自己正在夢中的能力。

實踐重點：重讀狀態檢測訓練

若要讓重讀狀態檢測發揮最大的效果，可以利用以下介紹的「綜合技能規約」（integrated skills protocol）做練習，其目標是要判斷你的意識狀態，每天在醒著時、做夢時練習至少五至十次。最理想的情況，是在發現某件事物看起來異常、像是夢，或者你想到夢或清醒夢的時候。

1.自問「我醒著嗎？」

認真思考自己是在夢中還是醒著，並檢查周遭是否有任何夢徵象。如果你真的在做夢，也發現並知道自己在夢中，就不需要繼續進行接下來的步驟；若你沒發現任何夢徵象，並相信自己是醒著的，請前往步驟2。

2.重讀文字

記住一段至少有幾個字的印刷小字。接著看向其他物體，再回頭重讀這段文字，觀察文字是否有任何改變。若是有變化，你便可以確認自己正在做夢，並享受這段清醒夢的探索。倘若文字沒有任何改變，請前往下一個步驟。

3. 再次重讀文字

再次將視線從文字移開，但這次重讀前，期待文字將有所改變。想像文字將有何種變化，再開始重讀並判斷內容是否眞有不同。倘若文字有改變，就提醒自己正在做夢，並設法達成一項有意義的清醒夢目標。如果文字沒有任何變化，你大概就能確認自己是醒著的，請前往步驟4。

4. 使用三R法

雖然你可能是醒著的，但試著想像如果你在夢中會是什麼樣的情況。你將看到什麼樣的夢徵象？重讀文字時，將會發現它有什麼改變？以及倘若你進入清醒夢狀態，可能會做什麼？決定你如何以自己正在做夢的假設下，**重寫**這一刻的體驗，並達成一個清醒夢目標。接下來，在腦海中簡單**排練**這場夢看起來、摸起來會是什麼樣子。最後，**提醒**自己「下次做夢，我會記得自己在做夢」。

外置提醒

某些清醒夢練習者在白天會使用外置提醒（external reminders），協助自己記得問「我是不是在做夢」，像是將這個問題寫在便利貼上並貼在容易看到的地方。

外置提醒雖然是一個協助自問的踏腳石，但由於它們無法被帶進夢裡，用途有所侷限。不過有一個例外，而且這與科技手段輔助的誘發有關。賴博格在史丹佛大學的研究時期，發現如果以光照射正經歷快速動眼睡眠期的做夢者的眼球，這道光也會出現在他們的夢中。這些做夢者能訓練自己認出這道光就是夢徵象，並隨著光進入清醒夢中。

注意「醒夢徵象」

雖然醒著時的世界和夢境有很大差異，但兩者還是不乏共通點。「醒夢徵象」（waking dreamsign）是在醒著的環境中看到的似夢事物。其種類林林總總，但通常都有一種不尋常或獨特的特質。這些事物在醒著時的現實世界不太可能發生，但也不至於完全不可能。你可能會注意到某些日間體驗的性質和你的夢頗為類似，以下就是幾種醒夢徵象可能呈現的形式：

- 碰到一個多年未見的朋友。
- 手機故障，無法打電話。
- 一個違背萬有引力定律的街頭藝術家。
- 鄰居家的大門被漆成不同於平時的顏色。
- 地鐵上坐在你後面的乘客一身小丑裝扮。
- 日常散步時，發現公園裡有一張長椅被移到其他地方。

- 強烈的情緒突然湧上心頭。

發現「醒夢徵象」是強化誘發清醒夢的理想機會。雖然你到最後可能會確認自己是醒著的，還是應該做完「重讀狀態檢測」（見p.82）的每個步驟，即使對這些步驟有微幅的修改也沒關係。

當你需要判斷自己身處的狀態時，自問：「這個體驗是否奇怪或夢幻到足以證明我真的在做夢？」如果答案是否定的，就環視周遭，尋找其他可以清楚證明你正在做夢的提示。若找不到任何提示，做一場重讀狀態檢測來證明自己醒著。

最後，使用三R法：將這個醒著的體驗當作一場已經達成預設目標的清醒夢，進行重寫及排練。接著再提醒自己，「下次做夢，我會記得自己在做夢」。

睡眠中斷術

清醒夢出現在大腦比較清醒、活化的快速動眼睡眠階段。夢日記或記憶誘發術等技巧之所以有效，是因爲它們能短暫地延長你從自然甦醒到重回睡夢中的時間。在這些短暫的醒著時間裡，你的大腦活化度會增加，這能幫助你在重回夢中時誘發清醒夢。延長睡眠中斷的時間，可以讓你在重回夢中時更容易誘發清醒夢。

睡眠中斷術需要你在大約第三次的快速動眼睡眠期間醒來，維持清醒約三十分鐘至六十分鐘，再回到床上使用記憶誘發術，直到再度睡著爲止。這種方法也被稱爲「清醒再入睡」（wake-back-to-bed）。只要知道每隔九十分鐘會做一次夢，就能估算出你將進入第三次快速動眼睡眠的時間，等你算出時間後，再將鬧鐘設到熄燈四個半小時後，將自己吵醒。如果你已經習慣利用夜間甦醒回溯夢境，就有可能學會記住一個晚上的前三場夢，也能更精確地預測出第三次快速動眼睡眠的時間。

在睡眠中斷期間進行的活動，其刺激性必須要高到足以將你喚醒，但也不能刺激到讓你醒來以後無法再度入睡，我建議的選項是閱讀一些關於清醒夢的文章，或是寫一點夢日記。

只要適度結合決心做清醒夢的心向，睡眠中斷術就會發揮強大的效果。當你下定決心要誘發清醒夢時，不妨試試睡眠中斷術。

需要注意的是，雖然睡眠中斷術可以提升成功的機率，但不是非得使用它才能誘發清醒夢。

利憶靈

除了結合本章所介紹的技巧，還有另一種有助於誘發清醒夢的選項。以處方藥或非處方藥的形式販售的利憶靈，是一種膽鹼酶抑制劑（cholinesterase-inhibitor）類的藥物，作用是暫時增加乙醯膽鹼（acetylcholine）的自然分泌，這種神經傳導物質對於記憶至關重要，也有調節快速動眼睡眠的功能。這種藥物最常見的用途，就是用於治療乙醯膽鹼減少所導致的失智症。

由於乙醯膽鹼能增加快速動眼睡眠的強度，而且清醒夢通常發生在高度活化的快速動眼睡眠期，賴博格認為，使用利憶靈等藥物，加上記憶誘發術及睡眠中斷術，可以提高進入清醒夢狀態的機率。

我們以一百二十一位曾經參加過賴博格的密集僻靜（LaBerge, LaMarca, and Baird, 2018）的志願者進行測試。這群受試者的基線率，是每年平均會有四人誘發清醒夢。受試者學過各種誘發方法後，連續三晚服用八毫克、四毫克或零毫克（安慰劑）的利憶靈。他們在大約第三次快速動眼睡眠時吞下膠囊，再起床維持清醒三十分鐘。回到床上後，他們使用記憶誘發術，直到再次睡著為止。

連續三個晚上，五十七%的受試者在服用利憶靈那晚，做了一場以上的清醒夢，吃到安慰劑的受試者只有十四%。雖然這兩種劑量都比安慰劑有效，但八毫克比四毫克更能激發清醒夢。這證明了結合記憶誘發術、睡眠中斷術與利憶靈，真的可以提升誘發清醒夢的機率。（注意這群受試者的誘發清醒夢的基線率，即使他們在夜晚服用的只是安慰劑，依然有所提升，證明不必仰賴利憶靈，還是可以提升做清醒夢的能力。）

利憶靈造成不良反應的風險很低，主要副作用是輕微的腸胃不適或失眠。但對於患有氣喘病、心臟病、胃潰瘍等疾病，或對於抗高血壓藥物等容易產生不良反應的人而言，則可能造成風險。就和開始服用任何新藥物或營養補充品時一樣，如果你想利用利憶靈促成清醒夢，應事先諮詢專業醫師。

醒著誘發的清醒夢

清醒夢最常在一場你意識到「我正在做夢！」的夢中發生。這種夢稱爲「夢中誘發清醒夢」（Dream-Initiated Lucid Dreaming, DILD）。不過，你也有可能在醒著的狀態下直接誘發清醒夢，這種夢則稱爲「醒著誘發的清醒夢」（Wake-Initiated Lucid Dreaming, WILD）。

在醒著誘發的體驗過程中，意識狀態從醒著到做夢之間的變化幾乎沒有任何可覺察的間隔。在這場夢開始時，你就已經處於清醒狀態。這種現象通常發生在微微甦醒與快速動眼睡眠的轉移過程中。搭配前述的睡眠中斷術，也可能刺激醒著誘發的清醒夢。

知道醒著誘發的清醒夢有哪些共通特徵，可以幫助你學習如何誘發它們。最常見的誘發過程，就是你躺在床上，睡著後開始做一場夢，但你一直很清楚自己處於哪種意識狀態。

但在某些誘發過程中，開始做夢的時間點比較模糊。你不是直接被捲入一場全新的夢裡，而是開始夢到你躺在床上試著睡著。也就是說，你的身體、床鋪、臥房其實全都是夢中元素。從醒著過渡到睡著的過程和緩到難以注意，即使你已經開始做夢，也堅信自己依然醒著。

從醒著過渡到快速動眼睡眠

你在有意識的情況下穿越醒與睡的界線，可能含有看似怪異的感官體驗。這是帶著意識進入夢鄉正常、無害且迷人的部分。這類體驗可能包括：

✦睡眠癱瘓

試圖激發「醒著誘發的清醒夢」時，常會目擊自己的身體進入睡眠癱瘓（見p.47）。你可能四肢動彈不得又說不出話，彷彿渾身凍僵了似的。在睡眠癱瘓的狀態下維持清醒，是絕對安全的，而且這個現象只會維持幾秒鐘到幾分鐘。對睡眠癱瘓持正面看法是很重要的，因為隨此而來的影像會反映出你的情緒。若你感到害怕，可能就會看到駭人或煩人的影像；若是保持開放與好奇的心態，你的體驗就會變得較有趣、舒適且愉快。

✦怪異的身體知覺

你的四肢可能會出現刺痛感，或看到自己的手腳變大或變小。從醒著到入睡間，你可能感覺發癢、脈搏或心跳加速，或是出現以為自己在步行、滾動、緩緩下降或迅速墜落等運動性幻覺（kinesthetic hallucinations），這些都是你已經接近清醒夢狀態的徵兆。

在有意識的狀態下，從醒著過渡到入睡時最常見的體驗，是感覺胸部受到重壓，這是因為肌肉進入快速動眼睡眠時會失去張力使然（唯有與呼吸及眼部活動有關的肌肉除外），換言之，你會感到彷彿全身塌陷。事實上，這種時候幾乎只剩下負責維持呼吸的橫隔膜還在正常運作。由於此時缺乏其他肌肉輔助呼吸，尤其是在仰躺的姿勢下更嚴重，意識便會將這種狀態轉化成胸部受壓迫。

✦入睡前的影像幻覺

若是你能觀察到睡／醒之間的轉換，那麼即使你雙眼緊閉也能看到影像。你可能會在黑暗中看見有人或形狀在動，或是整場夢宛如電影般在你眼前出現。你的感覺就像眼睛閉著，還是能看見你的房間。有時，這些影像在你注意到時就立刻消失了；有時，它則會變得愈來愈清晰，最後身處的夢境會完整地出現在你眼前。

✦幻聽

在「醒著誘發的清醒夢」的過程中，會聽到不尋常的聲響。你可能聽見風扇轉動的呼呼聲，卻看不到任何風扇，也可能聽見從收音機、電視機或房間裡其他人所發出的尖銳噪音、音樂或說話聲。

✦有其他人在房間裡

從醒著過渡到入睡的過程中，你可能會感覺有其他人存在，或許會聽到身旁有呼吸聲，或是下樓的腳步聲。如果你還躺在床上卻注意到有誰來了，就代表你已經從醒著完全地過渡到夢中。你可能會想和對方互動，也可以開始進行其他的清醒夢探索活動。

✦思緒抽象化

從醒著過渡到入睡時，你可能注意到自己的思緒朝抽象或夢幻的方向飄移。

如何激發「醒著誘發的清醒夢」

由於後半段的睡眠週期有比較多的快速動眼睡眠期，「醒著誘發的清醒夢」比較適合在清晨時分進行，最理想的時間點是在第三次快速動眼睡眠後的三十分鐘至六十分鐘睡眠中斷後，或是突然從夢中甦醒後再度入睡時進行。你也可以在白天小睡時嘗試，但受到小睡的長度及其他因素影響，這種時候無法保證你一定能進入快速動眼睡眠。

若要激發「醒著誘發的清醒夢」，你可以利用冥想、影像冥想（visualization）等強化專注力的手段，在有意識的情況下，觀察自己從醒著過渡到入睡的轉換過程。以下是一些可以幫助你在認知自己的意識狀態下入睡的技巧。

✦默念與默數

想要從醒著狀態直接進入清醒夢，你可以試著在入睡時專心反覆默念一個字或一個句子，例如「我記得我在做夢」。

默數入睡也是一種可以利用的技巧。你可以嘗試默念：「1，我知道我在做夢。2，我知道我在做夢。3……」在默數或默念所選擇的字句時，你可能會突然分心或忘記自己數到哪裡，這時候應該要立刻專注。不過，分心或數錯也可能暗示你已經更放鬆、更接近睡眠狀態。遇到這種情況時，稍稍喚醒自己以保持對意識狀態的覺察，並持續默念或默數，讓自己順利進入夢中。

✦冥想

冥想可以幫助你在「醒著誘發的清醒夢」的過程中，放鬆又保持一定專注力地帶著對意識狀態的覺察進入夢鄉。上床時，專心默念自己的意圖以保持對意識狀態的覺察，好在你開始做夢時有所警覺。

將注意力集中在一個目前的體驗上，可以讓你在保持專注的情況下放鬆並進入睡夢中。你的身體感官是一個很有用的參考依據；試著留意從頭到腳的感覺，或是觀察自己的呼吸。留意全身的感覺不僅有助於入眠，也能讓你在睡眠癱瘓或其他身體感知暗示自己已經接近夢鄉時有所警覺。

這種超然、聚焦於眼前的意識狀態，也能讓你在睡得愈來愈熟時，觀察到眼前的視覺影像，請默默觀察它們如何轉化成沉浸式的夢境。

聚焦於目前的狀態，留意自己的思緒是否開始變得抽象、夢幻，但也不要過度投入。若是被這些思緒牽著走，你將失去專注力而被帶進非清醒的夢境中。這時候，你應該讓自己的注意力回到原本的意圖，繼續維持清醒的意識狀態。

✦影像冥想

若不想只是消極地觀察自己的入睡體驗，你也可以主動地以影像冥想輔助這個狀態轉換。尤其動作想像是一種很有效的誘發技巧。

在賴博格延長清醒夢時間的實驗中，幾位受試者表示自己在甦醒後，只要反覆某個特定動作，例如原地旋轉或搓手，就能再度回到一場清醒夢中。想像其他類型的動作也有幫助，例如想像自己坐在搖椅上前後擺動、躺在吊床上左右搖晃、游泳、步行、騎腳踏車，或在黑板上寫下「我正在做夢」。不久，這些想像中的動作就會感覺愈來愈真實，然後把你帶進一場身體正不斷地重複這個動作的清醒夢中。

✦睡眠姿勢

仰躺比較有可能讓你在進入睡眠癱瘓時有所覺察。若你平時睡得很熟且較難覺察從醒著過渡到入睡的轉換過程，可以試著以枕頭墊高身體，這能讓你睡得較淺，幫助你更留意自己的體驗。

在清醒夢中探險

為了激發「醒著誘發的清醒夢」，我先中斷睡眠三十分鐘。躺回床上以後，我專注地想像自己在一張紙上反覆寫著「這是一場夢」。不久，我感覺筆尖開始滑向紙張的另一端，瞬間，紙和筆跡就清楚地浮現在我眼前。

這令人興奮不已，我知道自己已經進入清醒夢的邊緣。突然間，我感到睡眠癱瘓開始發威，身體變得沉重，而且強大的能量使得床上嗡嗡作響。我知道自己正在做夢，但夢中的身體卻無法動彈。我想像身體前後擺動，這個想像動作變得愈來愈真實，夢中的身體開始在床上前後擺動。我使盡吃奶的力氣，最後終於讓身體從床上彈開，進入一架翱翔在鄉村天空的小飛機裡。我一直很想在清醒夢中體驗高空跳傘，這下子機會終於來了。

我連降落傘也沒穿，就直接從飛機上跳下來，弓起背脊興高采烈地在空中翻筋斗。我反覆默念「這是一場夢」，以盡可能延長自己保持在清醒狀態的時間。最後，我不費吹灰之力就將姿勢從墜落轉為飛行，讓自己順利降落。

提醒自己要記住

記憶是誘發清醒夢的基石。首先，記住你的夢，以體認到該讓哪些醒著時刻的思緒專注於誘發清醒夢的意圖。其次，以前瞻性記憶策略提醒自己今晚將會做夢。這可以藉由提醒自己留意夢徵象，也就是夢裡的顯著特徵，以幫助你記起自己真正的意識狀態。

你也可以在誘發技巧中，結合提升誘發清醒夢機率的輔助手段，例如「醒著誘發的清醒夢」或睡眠中斷術。只要勤加練習，這些技巧運用起來就會變得愈來愈輕鬆有效。

Chapter 4

在清醒夢之中

In Lucid Dreams

誘發清醒夢狀態只是探索清醒夢所必須的部分技巧。一旦你身處於清醒夢之中，就需要其他技巧幫助你維持清醒狀態，避免你在還不想脫離夢境時甦醒，同時還要將夢境導向自己期望的方向。本章所介紹的技巧，可以延長清醒夢狀態，在夢中達成有意義的目標，並面對夢中挑戰以促進個人成長。清醒夢中有無限的探索空間，我們也將提到其中有哪些可能最具意義。

在開始進行前請注意：只要持續探索清醒夢，你將無可避免地接觸到人類意識的黑暗面，例如惡夢或令人不適的景象等。幸運的是，有些經過研究證明的技巧，可以把這些元素由負轉正。以創造力和同情心面對你在夢中遇到的挑戰，能幫助你更圓滿、更包容地在清醒夢中探索更高階、更超越性的意識狀態。

維持清醒夢狀態的穩定

一旦你意識到自己正在做夢，通常會反應衝動並忘記自己的目標，因而錯失探索某些對自己很重要的事物。除此之外，你還必須面對提前甦醒，以及忘記自己正在做夢等挑戰。這些障礙可以藉由練習以下介紹的技巧來排除。

記得你的目標

若不充分利用你在清醒夢的時間，就會降低這些夢的價值。入門者經常會因爲過度沉浸於夢境的劇情中，錯失良機，沒有意識到應該利用夢境創造更有意義的體驗。每晚入睡前，務必想好一個清楚且有意義的目標，以便在誘發清醒夢時付諸實現。

練習記憶誘發術時，可以將設定的目標套入重寫版本的夢境中，並排練如何達到目標。

延後甦醒

進入清醒夢狀態以後，最常碰到的阻礙就是太快從夢中甦醒。經典文獻指出，在夢中將視線定焦於某個物體，或許有延後甦醒的效果。但由於即將甦醒時第一個消失的往往就是夢中影像，這個技巧其實是有難度的。

但賴博格透過一系列的調查，篩選出兩種可以延後甦醒的動作：旋轉及搓手。

✦旋轉

在夢中做一個動作時，大腦的反應和醒著做相同動作時，沒有多大的差別。即使現實中的身體維持不動，旋轉夢中的身體也會啓動腦部執掌平衡與空間方向感的前庭系統，而前庭系統與快速動眼睡眠及視覺處理相關的部位有著密切的關聯。這很可能就是旋轉身體可以延後甦醒的原因，這個動作會啓動腦部的快速動眼睡眠及視覺系統，促進夢中狀態的穩定度及鮮明度。

在一場清醒夢中，你一旦發現自己即將甦醒，可以試著將雙手往兩側平伸，以最快速度旋轉你在夢中的身體，並持續旋轉到發現自己進入另一場夢境爲止。若你還是醒來了，就維持躺姿不動，再次睡著前試著想像身體仍在旋轉至少一分鐘，或許可以幫助你再次進入清醒夢。

以下這段自述就是以旋轉身體來延長清醒夢的例子：

我在霧中開車，擔心可能會發生車禍。我意識到「這是一場夢！」並放開方向盤，這時，車體開始融化，讓我嘖嘖稱奇。四周愈來愈黑，我想起應該旋轉身體。接下來，我感覺自己回到了躺在床上的現實。我想像自己正在旋轉身體，這下子我感覺自己站了起來，並飛快地旋轉著，形形色色的風景與顏色在眼前閃過。在旋轉的過程中，我不斷在夢中的身體與床上的身體之間轉換。停止旋轉時，我看到一位已故的親人，並對他說：「看吧，我說過我辦得到。」他回答：「我相信你。」我們互相擁抱，並聊了起來。

✦搓手

感知研究證明，想像自己以五種感官中的任何一種感知到某種事物，會讓你在現實中的同一種感官變得遲鈍。換言之，以夢中的身體做某個動作，會讓你無法感知到自己在現實中其實只是靜靜地躺在床上。這表示在夢中做某種動作，例如搓手，可以避免你的注意力轉移到現實的感官，就能夠延長你做清醒夢的時間了。

以下是關於在夢中的視覺影像開始消失時搓手的經驗敘述：

我意識到自己在做夢。夢境開始變暗，我感覺自己快醒了，因此開始搓手。接著，夢境漸漸變得清晰，映入眼簾的是藍天白雲，一座濱海的中東城市。我開始飛越街道，向下滑翔，以雙手撥開樹林，感覺興奮異常。

因此，當你感覺快醒來時，可以在夢中使勁搓手。專心感受這個動作造成的觸感，以及摩擦雙手產生的溫熱。若你還是醒了，在重新入睡前，試著想像搓手的感覺至少一分鐘，幫助自己激發「醒著誘發的清醒夢」。

✦保持冷靜

許多清醒夢練習者相信，自己一開始進入清醒夢，就會因爲興奮而甦醒。雖然在夢中體驗到強烈情緒時，要維持睡眠狀態並非不可能，但情緒高漲的確會活化大腦與身體，因而使人甦醒。進入清醒夢狀態時，若是過於興奮，先試著冷靜一下，再專注地達成你爲清醒夢設定的目標。

別忘記你正在做夢

做清醒夢時，你很容易會忘記自己正在做夢，並且被吸引進入非清醒夢的狀態中。若要避免忘記這件事，你必須學會在「記得做夢」與「積極參與夢境」之間取得平衡。

✦反覆默念「這是一場夢」

持續提醒自己維持在清醒狀態，試著每隔幾秒就反覆告訴自己：「這是一場夢。」如果你試著達成某些目標，或是想要探索清醒夢中的情節，應該頻繁地將注意力導回「自己正在做夢」這件事。

非清醒夢狀態在某些情境中可能會有更強大的拉力，例如當你產生強烈情緒或目擊令人著迷的美麗事物時。在這種情況下，務必從體驗中退出一步，提醒自己：「這是一場夢。」

✦辨識假性甦醒

夢境是根據我們認知現實的心智模式建構而成的。一旦知道自己正在做夢，你的思緒就會期待自己即將甦醒。這些期待常讓你夢到自己從床上醒來。在這些假性甦醒中，你可能會看到幾可亂真的臥房，降低你維持清醒夢狀態的能力。

由於假性甦醒經常發生，你應該學會懷疑當自己從清醒夢中甦醒時，可能仍然在夢中。這時候，你可以做一場「重讀狀態檢測」（見p.82），以判斷自己是不是真的醒了。

實踐重點：重寫清醒夢境

即使一場清醒夢的結果不如預期，你還是可以將之視爲規畫下一場清醒夢該做些什麼的改進機會。以下的練習是將三R法的用途改成幫助你精進清醒夢的技巧，並調整你的思緒來爲下一場清醒夢做好準備。

舉例來說，如果你忘記在夢中影像開始消失時旋轉身體，就想像自己正在旋轉，在心裡重寫並排練這場夢境，提醒自己，若再碰到類似的情境時，務必記得旋轉身體。或是假設你想達成一個預設目標，卻因衝動地翺翔而錯失機會。這時候，你可以想像自己已經達成目標，再重寫這場夢境。重複這些步驟，直到覺得自己夠堅定，可以在未來的清醒夢中做出不同的反應。

1. 重寫：在一場近日做過的清醒夢中，選擇一個你能想像到自己重新進入該夢境的時點。但這回將夢境改寫成你以不同反應促成更佳結果的情況。

2. 排練：在心裡排練重寫後的夢境。反覆想像這個新版本的夢境，直到能清楚想像自己體驗重寫後的清醒夢境爲止。

3. **提醒**：提醒自己下回碰到類似的挑戰時，將以你希望的方式反應。例如，你可以說：「下回做清醒夢時，一定得記得＿＿＿＿。」或「下次看到夢中影像開始消失時，一定要記得旋轉身體。」

夢中充滿無限的可能性

清醒夢狀態少了物理性及社會環境的約束，能讓你以創意探索自己的心靈，並練習以自己的意志轉變現實。激發你的想像力，看看你能在自己的夢中以清醒狀態進行哪些探索。

行使控制

清醒夢可以供你了解心靈的延展性，以及如何帶著意識體驗有價值的現實。當然，你可以在清醒夢中體驗某種程度的控制，但即使你很擅長控制夢中情節，清醒夢境還是不一定會照著你希望的方向走。

從改變你最能控制的部分開始：自己的思緒、期望與行為。不要本著你的經驗做出反應，後退一步綜觀全貌，擴大你對各種可能性的覺察。解構一切受侷限的信仰，並重新架構你的經驗，能幫助你達成目標。

練習清醒夢最大的優點，就是展現夢境能以什麼樣的脈絡反映你對現實世界的心智模式。你對清醒夢的願望、信仰、期待、態度與詮釋，可以對你的夢中體驗產生直接且立即的效果。只要學會改變思緒，就能改變現實。

試著練習純粹為了改變而改變你的夢境，像是嘗試接觸不穩定且不靈光的夢中物體；穿越牆壁；讓物體消失；改變物體的大小、數量、形狀或速度；造訪另一個時空。你也可以嘗試改變既定的認知：分裂出好幾個分身、進入其他人的身體，或變成一隻動物。

利用期待與想像的威力，促成你所期望的改變。讓夢境幫助你滿足欲望；只要你有禮貌地要求，夢中出現的人物可能願意幫你創造出符合期望的情境。

表明自己的意圖後，你的夢會以不同於所期待的方式回應你的要求，因此務必保持心胸開闊。某些時候接受現實，而不是控制它，可能會帶來更好的結果。

提升正向情緒

認知到自己一直受現實人生的規則所限制，能讓你的夢中探險變得更有趣。利用清醒夢探索你心中的神奇世界，並懷著讚歎的心醒來，迎接嶄新的一天。

造訪一些刺激的新地點，體驗一些平常不會做的事，像是飛越瀑布川流而下的峽谷；航行在清澈透明的南太平洋；在一座神聖的廟宇裡冥想；與一隻動物交談；見見你最喜歡的名人、藝術家或歷史偉人；欣賞你最喜歡的音樂家的演奏會，並請他專爲你彈奏一首小夜曲。

你也可以透過清醒夢享受你的嗜好與興趣，像是在巨浪上衝浪；駕駛賽車奔馳；與火焰共舞；與一群虎鯨同游；欣賞令人讚歎的都會絕景，在屋頂上玩跑酷運動；在你最愛的超級英雄片或科幻故事裡客串一角。

總而言之，做任何能讓你感到快樂的事。

性愛夢

擺脫現實的束縛後，清醒夢能提供一個安全的空間，讓你對性愛進行深度和廣度皆超過你在現實世界所及的探索。有時，性愛也被視為較低層次的清醒夢活動。雖然任何清醒夢活動都是不受限制的，但這種態度忽視了性愛夢對健康、幸福的好處，以及與性愛的神聖層次聯繫的潛力。

性愛夢也可以是學習更嫻熟地引導清醒夢境走向、更坦然地表達自我，以及在性方面延展自身認同的手段。追求歡愉並滿足願望，不論它以什麼樣的形式出現，都能扮演幫助清醒夢鍛鍊成長的重要角色。

排練技能

人類演化出「想像」的能力，其中包括做夢的能力，以便排練面對不同情境時該如何做出最妥善的因應，幫助人類蓬勃發展。比起你的想像力、非清醒夢或是醒時世界中的排練技巧，清醒夢具有獨特的優勢。因爲清醒夢狀態中固有的安全與創意、隨之而來的寫實性，以及接觸到較佳且更有意義體驗的潛能，使得它成爲以新方式與現實互動的理想訓練場。

舉例來說，你打籃球時，想把三分球練好。最好的方法當然是在現實中練習。不過，當你無法到籃球場，或現實中的身體需要休息與復原時，清醒夢可以提供你額外的練習機會。你能讓自己最欽佩的職業球員，針對你的投籃姿勢給予專業指導，以及心靈上的激勵。你在擺脫外來因素，也就是生理或社會因素限制的情況下，進一步發現自己的心理狀態可以影響投籃準確度。

選擇一項你想在清醒夢的探索中精進的日常技能、體育活動或藝術形式。由於最有效的方式是在醒著時練習，因此你可以思考在清醒夢狀態下該如何練習，才能讓你在這個選定的目標上有實際的進步。

對於問題的創意解決法

將你的夢轉化成個人的育成中心，可以讓你獲得新鮮的體悟、靈感與創意力。選擇一個日常生活中遭遇的難題，無論是工作、感情、情緒、健康、經濟或社會整體都可以。進入清醒夢狀態後，找出一場能幫助你探討這個問題的夢。舉例如下：

我決定利用清醒夢完成一幅一直無法完成的藝術作品。原本期待夢中的作品會和現實中一模一樣，情況卻不然。我從壁櫥裡取出作品時，突然被一片鮮活美麗、熾烈火熱的藍色給愣住了。我看見一群美人魚在作品周圍游泳、旋轉、跳舞，她們的尾巴如萬花筒般璀璨耀眼，背景則是不斷改變幾何排列的精緻格紋。這個景象太驚人了！甦醒後，我把美人魚畫進這幅作品裡，就此大功告成。完成後的畫作，對我個人有著層次截然不同的意義。

實踐重點：藉著旋轉身體來轉移夢境

在夢中，快速地旋轉自己的身體，可以讓你轉移到適合達成目標的夢境。在旋轉的過程中，目前夢境的視覺影像會逐漸模糊，當你停下來時，會發現自己置身於另一個場景之中。你可能會發現，只要你有意圖，就能藉由旋轉身體來轉移到你要求的夢境。

下回做清醒夢時，倘若你想要改變夢境以達成目標，可以試試以下幾個步驟：

1. 大聲說出你想轉移進入某一個特定夢境，或要求夢中思緒爲你創造一個。
2. 站直，雙手往側面平伸，以最快速度旋轉夢中的身體十至二十秒鐘。
3. 在旋轉過程中，期待並尋找一個可以供你達成目標的夢境。想像新的夢境會是什麼樣子，並反覆默念「下一個夢境會是＿＿＿＿」，空格中就是你所期盼的目的地。

轉化惡夢

懸而未決的心理衝突，往往會以象徵性的形式出現在夢中。當夢境內容對你的安全感帶來威脅，這場夢就會變成可能造成輕度苦惱或產生重度恐懼的惡夢。輕度苦惱包括工作不順、找不到東西或對社交互動的焦慮。較惱人的惡夢可能會讓人帶著激烈的負面情緒甦醒，有時甚至會反覆發生令人極度不安或情緒失控的情況。

清醒夢以創意解決問題的特性，可能是一個改變惡夢情境的獨特機會，讓你在一個比現實規則下的世界更安全、自由的環境裡轉化惡夢。

因應惡夢

每個人都擁有追求幸福、迴避痛苦與不適的本能。當面臨挑戰時，自動反應（automatic responses）機制會讓我們陷入試圖逃離恐懼、與自己或其他人對抗，或是不努力克服難關的循環裡，進而產生問題。

這個「戰鬥、逃跑、僵住不動」（flight, fight, freeze）的反應循環，根植於我們的演化過程中，目的是幫助我們適應及生存。

但還有一個對個人成長更有效的手段，就是自我整合（self-integration），這種方法藉由更深度地連結自我，解決現實中造成不適或不安的因素。

大家通常以p.121至p.123的圖表所列出的四種策略中，擇一因應惡夢。每一種方法都有各自的優缺點，重要度則視惡夢的本質及個人情況而定。但整體而言，以自我整合法解決惡夢，通常會帶來最好的結果。

由於自我整合法是一種用途不僅限於克服惡夢的個人成長概念，本書接下來將會進一步介紹如何在清醒夢中運用它。

仔細閱讀表格，並建構自己在清醒夢中的因應之道，以及在練習甦醒後重寫夢境時分析各方法的優缺點。

表4.1　對惡夢的反應‧優點與缺點

●迴避

說明	優點	缺點
你在夢中迴避或逃離某件事物，可能因此被嚇醒、邊跑邊躲、飛離，或是讓影像消失，或是選擇做另一件事以避免面對此事。你可能不會把這場夢放在心上，認為夢的內容不重要或與自己無關。	壓力立即消解。倘若你不習慣面對夢境所造成的壓力，迴避可能是一個好選項。暫時與惡夢影像保持距離，也可以讓你以更清晰的視角，判斷未來該如何做出更好的因應。	迴避是一個短期的解決之道，最後會強化你的恐懼，並導致這種壓力以其他形式再度出現。

●面對並克服

說明	優點	缺點
你反擊或試圖自衛。你可能先發制人、高調威嚇、嘗試控制或戰勝對方。你可能表達憤怒、反抗或「陳述出你的真理」。	強烈、堅定的方法，可能是個人成長在某些情境下所需要的，可以讓人感覺自己是個勝利者、有自信、有力量，或感覺受人尊敬。	保羅．索雷的研究發現，這個方法很可能會適得其反。對敵對的夢中角色表現得愈強悍，愈可能導致這些角色變得更憤怒、更強大、更暴力或更嚇人。

●順其自然

說明	優點	缺點
你什麼也不做，或繼續做原本正在做的事。你可能表現順從、消極，或抱持著觀望態度撐到夢醒。這可能就是你平時的反應，或是過去面對類似挑戰時的因應之道。	在清醒夢中放下控制可能是有好處的。在某些場合中，過度努力控制結果，可能就是苦惱產生的首要原因。	你可能錯過了許多改變自己的現實生活的機會。索雷發現，缺乏防備的行為幾乎都會造成更多恐懼與挫折，並使敵對的夢中角色變得更大、更有力量。

●尋求自我整合

說明	自我整合是一種在持續演進中追求更完整、更圓滿人格的過程。你了解夢境的每一部分都代表自己內心的某種衝突，或是你的自我中使你抗拒、恐懼或無法接受的部分，因此可以嘗試與這些無法接受的部分自我調解或談和。
優點	自我整合可以停止惡夢復發，並促進個人成長。索雷證明這能減少具威脅性的敵對角色出現的次數，而且有時還能讓夢的含義展現得更清晰。例如，如果能勇敢面對一個原本在追逐你的黑影，它可能就會變成某個在日常生活中與你有衝突的人。
缺點	你可能還沒做好將這影像象徵的含義整合進自我概念中的準備，或尚未具備能有效地做這件事的技巧。

實踐重點：重寫一場惡夢

以自己在清醒狀態中經歷這場惡夢的角度，重寫夢中情節，是一個可以強化自我理解，並讓你在未來的清醒夢中以更大韌性回應壓力的練習法。

利用記憶誘發術的三R法，以自己在清醒狀態中經歷這場惡夢，並以促成更好結果的角度**重寫**惡夢情節。若你願意，可以將重寫的版本寫在夢日記裡。在腦海中以想像**排練**新的結果，並**提醒**自己下次做惡夢時一定要進入清醒夢狀態。若你從惡夢中驚醒，一定要仔細重寫。在距離夢境更遙遠的白天，會比較容易書寫。

重寫夢境後，決定自己在重寫的版本中應採用哪一種方式（逃避、面對並克服、順其自然，還是尋求自我整合）因應。請記得，不論哪一種方式最適合，這些方式不一定彼此相斥。事實上，所有清醒夢行爲或多或少會反映出在自我整合上的進展，雖然某些反應方式比較明顯。

在清醒夢中探險

我曾經歷一連串的「醒著誘發的清醒夢」，期間我陷入睡眠癱瘓，並在房間裡看到一具屍體、一個軀體破碎的女人，以及一具躲在床底下的木乃伊。我知道這些影像代表自我，也就是曾受傷、迷失或痛苦的那個部分。當時，我不知道該如何接受這一切，但我發誓下次在清醒夢狀態下做惡夢時，一定要克服恐懼並與這些角色互動。

一如預期，下次進入清醒夢狀態時，我再次陷入睡眠癱瘓而無法動彈，但這次看見的是一隻怪物在我床邊憤怒地搖晃身軀。雖然我因睡眠癱瘓而無法言語，但我知道自己不需要發出聲音，而是嘗試以心電感應與牠溝通。我告訴牠，我是誰，並表示我為牠的憤怒或悲傷感到難過，如果牠有話想說，我很願意聆聽。

令人驚喜的，牠開始搖起尾巴。我卸下心防，開始撫摸牠，並給了牠一個大大的擁抱，最後牠消失在我懷裡。從此之後，我再也沒做過類似的惡夢。

自我整合

自我整合是一種在人類歷史上一再被提及的概念，目的是追求自我各部分的連結與和諧。在清醒夢中，一個有用的觀點是將夢中影像視爲你的人格與人生的象徵。透過與這些影像互動，你將學會如何重新整理自我認同，並擁抱自己的每一個面向，包括你未曾自覺的強項，以及你不喜歡或不重視的部分。

這種人格整合過程可以幫助你減少內心衝突，改善你與自我及他人的關係。它也能幫助你消解自己所認知的「我」與「非我」分離的錯覺，這是超越自我（也就是體驗自我超越及靈性甦醒）所不可或缺的。

夢的原型與「陰影」

原型（archetype）是一種見諸於許多文化、宗教與歷史傳統知識中的通用符號。如今，我們常見各種原型被改編成書中或電影裡的角色，例如受傷的療癒者

（wounded healer）、惡棍、丑角等。在你的夢中，原型不僅止於夢中角色，同時也包括物體、場景、故事與其他元素。夢中的傳統原型可能包括末日洪水、開學第一天、你的內在英雄，或是母與子。

陰影（shadow）是一種重要的原型，代表的是你的自我或人生中無法被你完全接受的部分。通常陰影象徵某種你敵視、抗拒或不認同的事物，可能是你的人格一部分、一段感情、一段回憶、你的自我中感到痛苦的部分，或是與整個社會有關的某件事物。陰影也可能代表你的自我中尚未完全發展的中性或正面部分。

卡爾．榮格相信，研究原型，並找出接受這些影像的方法，能促進自我整合。不過，你不需要了解這些影像對你有什麼意義，也能改變你和它們的關係。

同步解夢

在做夢的同時解讀你的夢境，可以為你的清醒夢鍛鍊增加深度。你不必等到醒來後再分析夢境的含義，而是趁著還在夢中時就認知到，自己所看見的影像就是自我某些部分的象徵。這能讓你更親近、更睿智地與夢境進行互動。

你可以直接詢問夢中人物，他們象徵什麼，並要求反覆出現的夢境透露自己所蘊含的含義。這種清醒夢狀態下的應對方式，能立即且清晰地映照出你的自我。

以下就是一個在清醒夢中透過了解夢的含義達成自我整合的例子。

當我發現自己要考數學卻沒有準備而感到惶恐不已時，突然想起我早就畢業了，這一定是個夢徵象。我心想：「數學問題代表什麼？」最有資格回答這個問題的莫過於老師。我站起來發問：「我在現實生活中試著解決什麼樣的問題？」在那一刻，老師突然變成我太太，並回答我過度忽視我們的關係。我道歉並表示我知道我們倆的問題很複雜，但我會找出解決之道。她向我道謝，我隨即醒了過來，感覺如釋重負。

和解對話

若要整合懷有敵意的夢中角色所代表的破碎自我，最有建設性的方法之一，就是透過和解對話。清醒夢能以促進療癒與個人成長的溫和互動，對陰影做出回應，改變彼此的態度。以下建議能幫助你建構如何在清醒夢中與具威脅性或陰影型人物的互動。

- **記得你很安全**。在清醒夢中，陰影型人物並不會對你構成任何生理上的威脅。試著以不同觀點看待他們，例如將他們視爲你的自我中正在受苦或需要幫助的部分。
- **表現友善**、**包容**、**願意傾聽**。面帶微笑，直視你的夢中人物的雙眼，並以不具威脅性的肢體語言及動作對待他，展現你的溝通意願。
- **提問**。試著了解對方或你身處的情境。要求陰影型人物告訴你，他們是誰。「互相了解」可以幫助你解決這些人物所代表的心理衝突。
- **展現同情**。告訴陰影型人物，你對他們的感受有所共鳴。表達你期望讓他們擺脫痛苦的溫情關懷。
- **提供並尋求幫助**。詢問對方：「我該如何幫你？」或「你能幫助我嗎？」若你對於可提供的幫助有特定想法，在夢裡告訴他。

● **交換禮物**。向這個人物致謝或贈禮，像是從口袋裡掏出什麼東西送他，並問他是否有禮物要送你。

偶爾，你會發現不論自己展現多少願意和解的誠意，清醒夢中的陰影型人物依然拒絕配合，此時你應該與這個人物劃清界線或是爲自己辯護，或許能促成比一籌莫展更好的結果。

夢中人物

有些人認為夢中人物只是想像力所建構的假象，因此怎麼對待他們都沒關係。但清醒夢鍛鍊的關鍵宗旨之一是，夢中除了你以外的事物，其實都是你個人和內心的投射。善待並同情你的夢中人物，就等於善待並同情自己。

療癒夢

自古以來，人類就將心理意象（mental imagery）融入療癒的文化習俗中，其中也包括夢境的使用。夢境是一個記憶、痛苦情緒、傷痕及未竟心願經過戲劇化後的景象，而利用清醒夢探索這一切，能幫助你撫平傷痛、促進自我整合。夢也隱含了身體及病痛相關的智慧，因此，透過清醒夢也可以促進身心平衡。舉例如下：

人們說時間會治癒所有的傷，但母親過世已經一年了，我依然無法擺脫痛苦。在我的夢裡，她看起來跟還在世時一樣，只是面容悲傷。在這些夢裡，我和她的關係總是有點緊繃，而我甦醒時都會感到滿心悲痛。我開始學習如何做清醒夢，以求能多看見她。我在睡前都會反覆默念「今晚看到媽媽時，我會記得我正在做夢。」幾天後，我又在夢中看見母親時，突然醒悟過來。我說：「媽！這是一場夢！我們來跳支舞吧！」我一把抱住她，帶著她一起轉圈。不知道從哪裡傳來了她最愛的一首歌。我們聊了好久，我很開心能再次跟她相聚。現在，我知道我和她的關係並沒有完全消失，依然期盼她能在我入睡後來看我。

在清醒夢中探險

在一場我和未婚夫到歐洲旅行的夢裡，我進入清醒狀態。我拉起他的手，兩人一起飛越一座有著古羅馬式噴水池的商場。我提議我們應該試著把他膝蓋上那塊幾個月以來都好不了的皮膚炎治好，並用手摀住它，唸起一段廣為人知的佛教咒語「唵嘛呢叭咪吽」。

醒來後，我把這場夢告訴他，但他腿上的疹子並沒有什麼改善。翌日，他發現膝蓋的表層皮膚似乎有了一點變化。我開玩笑地說，大概是因為我給了他那帖「清醒夢藥」。

幾天後，我們到夏威夷度假。我跟著他走在一條又陡又濕的小徑上，並說他的皮膚好像有改善了。我提議以一場儀式向那場夢致謝，因此揉著他的膝蓋再次開始唸起那句咒語。一個星期後，他膝蓋上的皮膚就完全康復。

或許是因為他吃了好幾個月的順勢療法藥物後，在我做了那場清醒夢的隔日終於開始發揮作用，但時間上的巧合實在讓人無法不在意。或許清醒夢對自己（和對他人）還有許多尚不為人知的療效。

靈性的甦醒

清醒夢最重要的一點，就是它在靈性甦醒及探索存在議題上的潛力。

在清醒夢中，你可以在不受物質世界的感官經驗干擾下，自由地探索無止境的心靈世界。在清醒夢中聚焦於心靈探索，可能包括體驗強烈的愛、同情、美，以及與你日常生活緊緊相扣的感覺。你可能會發現清醒夢幫助你擺脫執著，以及你那沒有太大幫助的一部分自我認同。許多清醒夢練習者表示，在清醒夢狀態下，更能輕易地達到精神的昇華。

一如你可能會認爲的，的確沒有簡單的公式能幫助你完成一場精神上具超越性的清醒夢，但設定與你的精神信仰和修行方向一致的意圖，當然會有幫助。舉例來說，在清醒夢中，你可能會冥想、祈禱，或是與心靈導師、祖先、導遊或動物互動。你在夢中會問一個存在主義式的問題，或是要求夢境讓你看到某個幫助你理解萬物之源的隱喻。

超越性（transcendental）經驗是幫助我們擺脫對自己的既定看法的有效法門。愈不相信自己所以爲的自己，愈可能發現眞正的自己。

——史蒂芬．賴博格博士

清醒夢案例

我在一場四周黑暗的夢裡進入清醒狀態，夢中有兩個人使勁揮舞雙臂，似乎正努力試圖吸引我的注意。當我注意到他們時，他們就指著漆黑上空中的一個洞，原來那是一扇可以看見藍天的窗。沒有軀體、只有意識的我朝上方飄去，發現那漆黑的上空原來是一道無止境地往四面八方延伸的黑牆。我朝窗外看去，看見一個耀眼的白色光圈朝下方的牆面推擠，彷彿試圖找個地方躲。我想起曾在以前的清醒夢中看過這個光圈，這時它開始擴散並包覆我。我對於「我」的一切認知逐漸消失，被狂喜所取代。我和它合爲一體，不再有「我」、「它」之分，甚至與萬物都合而爲一。這種感覺完全無法以文字形容。

靈魂出竅體驗

對探索清醒夢世界的人而言，「靈魂出竅」是一個常被提及的議題。請先釐清一點：清醒夢並不等同於靈魂出竅，但這兩種意識的奇特狀態確實有著一些共通的特徵，而且在大腦的運作方式上可能也很接近。

靈魂出竅的定義，是你經歷到自己的覺察視角發生在現實中的身體之外。以這個定義最嚴格的角度來看，所有的夢都可以被視為某種靈魂出竅體驗，因為你的感知不是在現實中的身體，而是在夢中的身體上發生。可是，在夢中，不論是清醒夢還是非清醒夢，都可能出現你的知覺與平時迥異的體驗。你可能會發現自己是一個沒有軀殼、在空間裡遊蕩的意識，或是在另一個地方看見自己的分身。

研究報告證實，自願誘發的靈魂出竅體驗，在神祕學文獻中稱為「星體投射」（astral projection），其特徵與睡眠癱瘓及「醒著誘發的清醒夢」有著驚人的相似之處：躺在床上休息時，你體驗到彷彿與自己現實中的軀體分離的怪異感覺。這種時候也可能體驗到心跳猛烈、飄浮在床上、滾到地板上等其他的怪異感覺。

一場由賴博格所進行的實驗證明，經歷了靈魂出竅的受試者，表示這體驗發生在夢中。在大多數案例中，「醒著誘發的清醒夢」與靈魂出竅的主要差異，是對體驗的解讀。若你相信自己經歷了靈魂出竅，會將之解讀成自己以離開現實中身體的形態，探索現實世界、夢境或其他存在的層面。在「醒著誘發的清醒夢」中，則會被解讀成你在睡夢中進入了清醒夢狀態。

靈魂出竅也能以其他方式誘發：以某些藥物、進階的冥想，以及諸如瀕死體驗等極端的身心壓力。達賴喇嘛等人曾提及某些進階修行可以讓意識脫離軀體，以這種形態親身造訪宇宙或其他存在層面的地方。

簡而言之，靈魂出竅與「醒著誘發的清醒夢」具有類似的共同特徵及大腦運作模式，但清醒夢與靈魂出竅並不完全等同。

意識體驗的光譜非常廣，不限於我們通常用來感知世界的狹隘心智模式。的確，靈魂出竅及清醒夢等不尋常的狀態，可以讓我們體認到心靈無窮盡的本質、死亡的過程、脫離物理現實，以及人性最大的祕密。

練習、練習，再練習

雖然本章提供的是一個穩定並探索清醒夢的起點，但還有太多其他領域可以探索。在練習中保持創意、耐心及有條不紊的精神，便能促成你的成長、達成你的目標。即使有時清醒夢的內容並不如你所願，但請切記它們依然是可供你學習的經驗，而這一點本身就是有價值的。

有時你能成功引導並穩定清醒夢，有時則辦不到。在清醒夢中愈是從錯誤中學習，愈能學到如何在這種狀態中嫻熟、優雅地駕馭夢境。

千萬別放棄，也記得以開放的心胸體驗夢的天然智慧，而不是試著過度操控它。清醒夢有可能在你毫無預期的情況下，以最美好的方式滿足你的願望，也可能讓你發現自己真正想求得的並不是原本所定的目標。

下一章將指引你如何進行更深度的練習。

Chapter 5

深化你的練習

Growing Your Practice

不論你練習到哪一個層級，還是有許多深化學習的空間。清醒夢之所以值得你努力練習的特質之一，就是必須學習不輟。

清醒夢鍛鍊可以朝許多方向深化。初學者面臨的挑戰之一，就是學會提高誘發清醒夢的頻率，以便從它們提供的體驗中學習。「夜間體驗日記」（nightly experience log）就是一種可以在夜間幫助你提升覺察與記憶的實用工具。

本章也將提供用於日間的技巧，以補充並深化你的練習。舉例來說，懂得冥想的人誘發清醒夢的能力比較高。若你較懂得觀察當下及自己心靈的內容，在夢中也會比較能判斷自己眼前的景況其實是一場夢。因此，本章也將介紹正念（mindfulness）冥想，這是一種能幫助你變得較不易於受干擾，而且較能融入當下時空的專注力訓練法。

前面也提到，提高對夢境的記憶能力，可以放大你在夢中及現實中交織的主題。為此，你可能會想延伸你的清醒夢技巧，以提升日常生活的品質。隨著練習的深化，你將發現在醒時大腦所建構出來的世界認知，在清醒夢中是具有可塑性的。因此，我們也將探討「醒時清醒夢」(waking lucidity) 的概念。這個概念利用經過強化的辨識力、意圖與創意等清醒夢意識的特質，改善你醒著時的狀況。

有時，初學者對清醒夢鍛鍊會產生誤解及懷疑，我將釐清這些隱憂，讓它們不再對你的成長造成阻礙。我也會介紹一些初學者常見的錯誤，以幫助你盡可能有效率地進行清醒夢鍛鍊。

夜間體驗日記

若要進一步精進清醒夢技巧，你需要持續提升對夜間體驗的注意力。大多數人很少對前一晚的睡眠中發生過什麼事有所覺察。躺上床、閉上眼以後，下一個念頭通常就是天亮了。這個意識的「空隙」通常被稱爲「無意識」。但只因爲你不記得，並不代表你沒有經歷各種意識體驗。

夜間體驗日記的用意，是幫助你專注地留意夜裡有過什麼體驗（見p.145表5.1）。不論你記不記得，人們每晚都會經歷幾次輕度甦醒。記錄這本日記可以幫助你下定決心清楚地留意到這幾次甦醒，以記得使用誘發及夢境回溯技巧。

每次夜間甦醒時，你都要在日記中塡寫一行事件紀錄，包括時間、體驗類型（醒著誘發、夢中誘發、非清醒夢、思考等），並爲自己回溯體驗的程度評分。

積極學習的初學者通常會認爲這種日記不難寫，而且能強化自己夜間的覺察能力。記錄夜間體驗日記的另一個好處，是它能提升夜間的清醒度，提高重新入睡時誘發清醒夢的機率。

所需工具

將以下物品放在床上可隨手觸及的地方：一份列印的日記紙（見p.145）、一個可供寫字的平滑物品、一支筆、一個電子鐘，以及一盞燈。若是找不到影印機可用，也可以將你的夜間體驗寫在夢日記的空白頁上。

熟記代碼表

在為自己的夜間體驗評分前，你必須先熟讀表5.2及5.3（見p.146～p.149）。一開始，你最好把代碼表放在床邊，以便在甦醒時查找代碼。但只要一點時間和練習，大多數人都能熟記這些代碼。

熄燈時

寫下你熄燈睡覺時的日期與時間。入睡前，做好從夢中醒來並記下它們的心理準備。使用三R法：練習把最近做過的夢當作清醒夢，進行重寫和排練，並提醒自己在夢中一定要記得你在做夢，然後準備進入夢鄉。

中途甦醒時

每次甦醒時，在夜間體驗日記上填寫一行事件紀錄。記下時間，以及代表你的體驗類型的代碼，並為自己記得夢境的程度評分。仔細回想剛才的夢屬於哪些類型，以及自己記得夢境的程度，可以幫助你對提高體驗的覺察能力，並了解需要做哪些事才能促成清醒夢。如果你記得一場夢境，不需要把細節寫在這本日記上，當然，若你想寫也無妨。一頁最多能寫七行紀錄，但如果你沒有甦醒那麼多次，剩下的幾行可以留白。

上床睡覺時，進行記憶誘發術的三R法，以堅定在下一場夢中記得自己正在做夢的決心。同時，提醒自己在下次甦醒時記住夢境，並在日記上填寫一行事件紀錄後，再重新入睡。

起床時

睡飽起床時，填寫最後一行事件紀錄，並再進行一次記憶誘發術的三R法。在「起床時間」欄寫下你起床的確切時間，就可以準備迎接新的一天了。

表 5.1　夜間體驗日記

日期			
熄燈時間			
事件	**時間**	**體驗**	**回溯**
1			
2			
3			
4			
5			
6			
7			
起床時間			
評論：			

*摘自史蒂芬・賴博格與克莉斯汀・拉馬克（Kristen LaMarca），2015～2018，《夜間體驗類型回溯與時間紀錄》（*Nightly Experience Type Recall and Time*）實驗日誌，未出版。

表 5.2　體驗類型

體驗代碼	說明	例子
/	**無**。你不記得甦醒之前的一切，甚至沒感覺自己做過夢。	「我醒來時沒感覺自己的感官是啓動的。我什麼都不記得。」
F	**忘記**。對自己做過夢有印象，但很快就完全忘記夢境的一切內容。	「我做過夢，但當我想把它記下來時，什麼也記不得。甚至連那場夢是什麼氣氛都毫無印象。」
T	**思考**。你曾思考過某件事，但這件事並未被視覺化成某個有故事性與一連串事件的場景。	「我曾經就正在進行的工作做過一番思考。記得我曾試著想通某件事。」
N	**非清醒夢**。你做過夢，但並未明確地想過自己如何做這個夢。	「我一直想找到公司裡的某個部門，但它同時也是我上過的高中，還是一座機場。經過公司的櫃檯人員時，他要求我拍一張畢業照，但我拒絕了。」

S	**半清醒夢**。你不確定自己是否做過夢，但認為自己當時醒著，或沒做過清醒夢。	「我在走廊上匆忙跑著，因為上課遲到了。這時，我發現這是我常做的大學時期的夢。心想：『如果這只是一場夢就好了。』接著我試著從後門溜進教室，以避免被教授發現。」
D	**夢中誘發清醒夢**。一場你在夢中可能因為發現了某個異常之處，而意識到自己正在做夢的夢。	「我正為了哄一個哭不停的嬰兒而苦惱。突然間，我意識到這嬰兒不是我的，我的孩子都長大了。當我震驚自己怎會做這場夢時，嬰兒突然從我手中消失。」
W	**醒著誘發的清醒夢**。一場你一直維持著醒著時的意識做的夢。從你開始做夢起，就知道這只是一場夢。	「我在睡夢中看見人的形體從一片黑暗中冒出來。我看到一個女人的雙腿在行走，並試著讓自己的腳步與她同步。當我想像兩腳左右踏步時，突然感覺自己真的在踏步。我馬上轉移進一個完整的夢中場景裡，眼前是一處傳統的歐洲小鎮廣場，風景極為優美。」

體驗代碼	說明	例子
O	**其他事件**。若你的體驗不屬於以上任何類型，或例如想標記自己起床並維持了一個小時的清醒，就以此代碼標記，並在「評論」欄中寫下說明。	「我醒來後看了三十分鐘的書，然後試著在再次入睡前進行『醒著誘發的清醒夢』。」

表5.3　夢境回溯程度評分表

回溯評分	說明
0	**完全不記得，零分**。不記得特定內容，甚至沒有任何曾經做過夢的感覺，一點記憶也沒有。和下一個層級不同。
0.1	**忘記了**。感覺自己曾經做過夢，但很快就忘了做過什麼樣的夢。
1	**記得極少的內容**。記憶不是零，但也接近零；只記得一些片段。或許也記得一些模糊但揮之不去的影像、想法或感覺。
2	**記得至少一幕場景的梗概**。只記得自己曾在某個情境裡，發生了一些事。
3	**中等程度**。記得夢中的主要事件、順序、情緒與想法。
4	**幾乎都記得**。你記得夢中的一切細節，但對某些細節不是太確定。
5	**一切都記得**。你記得每一場夢，而且場場記憶鮮明；記得的細節比能寫在夢境報告裡的還要多。

表5.4 夜間體驗日記範例

日期	四月三日		
熄燈時間	晚上十點三十分		
事件	時間	體驗	回溯
1	凌晨十二點四分	N	2
2	清晨四點十分	/	0
3	清晨四點十一分	O	
4	清晨五點二十分	D	4
5	早上六點五十五分	T	0.1
6			
7			
起床時間	早上六點五十六分		

評論：

O＝我起床並維持清醒三十分鐘。接著進行記憶誘發術，直到再次睡著為止。

實踐重點：寫七個晚上的夜間體驗日記

至少要寫七個晚上（不一定要連續）的夜間體驗日記。雖然寫更多也無妨，但七個晚上的分量，應該已經足以讓你了解該如何留意自己的甦醒，以及如何記住更多睡夢中的體驗（日記填寫範例見p.150）。

熟記代碼（見p.146表5.2、p.149表5.3），並將一份列印下來的日記空白表格（見p.145）放在床邊。寫下你熄燈睡覺的時間。記得要在做夢時有所警覺，以及在醒來時回溯夢境，接著再重新入睡。每次發現自己甦醒時，就填寫一行事件紀錄，不管你記不記得這場夢，都要填寫。再進行一次記憶誘發術，接著重新入睡。接下來的每一次甦醒，都要填寫一行事件紀錄。睡飽起床時，填寫最後一行事件紀錄，並記下你起床的時間。

孵夢

我們通常會夢到睡前所想的事。有些人相信只要在睡前下定決心一定要做到一場想做的夢，就能增加真的做這種夢的機率。這種方法叫做「孵夢」（dream incubation），自古以來就有人以它來解決難題、治病療傷或進行心靈修練。

孵夢的作法，是在入睡前設定一定要夢到某個特定問題或議題的意圖。例如，如果你不知道該為自己的孩子取什麼名字，入睡前可以專注地祈求一定要做一場能告訴你，你的孩子未來是什麼名字的夢。

比起清醒夢，較少有證據可以證明人真的能做到自己想做的夢，這一點是可以理解的；若你在夢中沒能保持清醒狀態，對於要夢到什麼的選項就會比較少。但是，若你意識到自己正在做夢，就能記得一定要促成你所追求的體驗。從前面的例子來說，你能在一場清醒夢中找到未來的孩子，可能是靠旋轉夢中身體加上努力想像畫面，當你一停下來，就會看到孩子出現在自己眼前，讓你可以趁機問他：「你想要什麼樣的名字？」

你可能會發現，當你想要進入清醒夢狀態以探索某個主題時，即使你沒有成功意識到自己正在做夢，還是會夢到這個主題。意思是，即使你沒誘發清醒夢，還是能在夢中找到亟欲尋找的觀點或體驗。不只是對清醒夢，你對自己所有夢中的智慧，都應持開放態度，它們同樣也能強化你的觀察力與意志力，幫助你成長。

擁抱正念

前文曾提到，懂冥想的人做清醒夢的能力也會比較強。若是仔細觀察自己的思緒，你會發現自己幾乎不會專注地關心此時此地的眼前事物。

通常思緒會在不同的想法之間跳來跳去，一下子重溫過去，一下子計畫未來，一下子爲目前的體驗下判斷。

要是你的思緒在日間經常受到干擾，那麼它在夢中也會容易受到干擾。若是我們醒著時總是「半睡半醒」地依本能反應行事，又如何能期望在睡眠時「甦醒」做清醒夢？

「正念」是一種可以幫助你辨識目前意識狀態的初階冥想法。要練習正念冥想，必須觀察現實的本質，而不是透過你主觀意見的眼鏡。許多人相信這提升了他們決策的明晰度，也以各種方式強化了他們的幸福感與能力。

雖然學習正念冥想最好的方式，是投入正式的冥想修練，例如閉眼專注地觀察自己的呼吸，終極目標是學會如何將正念的特質活用在日常的活動中。

正念冥想與記得自己在做夢的清醒夢鍛鍊，是明顯相似的。畢竟要誘發清醒夢，就必須認清自己身處的現實，知道這是一場夢。而要維持這種清醒狀態，必須專注地記得你身處的現實其實只是一場夢。透過學習觀察自己狀態的同時，擺脫既定假設，你就更能擺脫阻礙你誘發清醒夢的既有偏見。

學習正念冥想的方法有許多種，本書將在結尾提供一些相關資源。最好從哪裡開始？引導你去觀察並改變自己與呼吸、身體感官或外在環境的關係的「引導冥想」（guided meditation）是最好的選擇。其他形式的正念冥想，則是教你如何觀察你的內在環境，包括你的情緒、衝動及心理內容。

> 正念的意思是保持清醒，知道自己在做什麼。
>
> ——喬・卡巴金（Jon Kabat-Zinn）

實踐重點：觀察目前的意識狀態

放下一切，找一個安靜的地方，坐下來閉上雙眼，在這十到二十分鐘的時間內，試著練習正念冥想。

依照以下的指示，將你的注意力引向體驗的不同面向。專注地觀察此時此地的一切，但不要解讀你注意到的事物。花二到三分鐘在每個要點上。你可以考慮把這些指示念出來並錄音下來，以便在練習的時候聆聽。

✦景象

一開始先睜開雙眼，仔細看清楚周遭的一切。以中立、如實的心態，觀察兩眼所見的物體、形狀、顏色、紋路等細節。若你開始思考過去或未來，就代表你的思緒已經開始飄離，務必將注意力引回你的視覺感官上。

✦聲音

如果感覺舒服了，你就閉上雙眼，將注意力移向自己的聽覺上。試著在靜謐中聆聽，留意你所聽到的任何聲音。你能聽到多少聲音？這些聲音的音質如何？是輕柔還是吵鬧的？是有組織的、波動的，還是安定的？秉持開放的態度聆聽，試著不要解讀你所聽到的聲音。

✦身體

現在開始觀察你的身體。留意你的姿勢、脊椎的弧度、全身各處的體溫。從腳到頭由下往上地緩緩檢視全身，留意有哪裡緊繃、有哪裡放鬆、有哪裡發麻。

✦呼吸

在吸氣與吐氣時，留意自己的身體有什麼感覺。注意呼與吸之間的停頓、你所吸入的空氣的溫度，以及你吸入的空氣比吐出的空氣溫度低多少。

✦情緒

把注意力轉向你的情緒，留意自己有什麼感覺。若是覺得自己沒有任何情緒，那就注意這一點。不要判定情緒是好是壞，只要單純地觀察，不要試著改變你的體驗。

✦想法

把注意力引向自己的思緒。有人認爲思緒會對冥想構成干擾，但其實它們可以成爲冥想的目標。注意是否有任何想法浮現，退一步觀察，不要被自己的想法帶離。單純地讓想法浮現，不要根據自己的經驗去構思故事強化它們。

結束這段練習後，要決定如何將正念冥想導入自己的日常生活。正念冥想練習適切的長度，是每天至少十分鐘。

醒時現實中的清醒夢

愈深入鑽研清醒夢，你會發現夢中影像其實是日常生活的鏡中倒影，反之亦然。因此，清醒夢的概念，可以讓你的思緒，以及與醒時現實有關的一切，更加富有創造性和適應性。

「醒時清醒夢」的概念，暗示著更高的明晰度、判斷力與心理彈性。對許多清醒夢練習者來說，隨著練習益臻成熟，他們也愈來愈能把清醒夢中的學習成果，套用在醒時的現實生活裡。以下就是幾個可以幫助你起頭的點子。

相似點

從你的夢中找出反映日常生活的元素，以讓不同的狀態之間產生更深入、更有意義的對話。假設你做了一場緊張地怕被老闆找到的夢，可以思考你的生活和夢中的情緒或動態，是否有任何相似點。這場夢是否與你在工作上的情況有直接關聯？老闆是否爲你的自我中某個需要掌權的部分之象徵？或許你感覺自己在某些情況下被控制得太緊，而試圖逃離這種掌控。

試著從各種不同角度思考，好讓你找出夢境與現實生活之間的相似點。留意這些相似點能幫助你利用清醒夢的幾個面向，並改善現實生活。例如，你該如何在假設它是清醒夢的前提下，重寫這場夢見老闆的夢？而你對夢境的回應，將如何幫助你想出因應夢境所反映的現實情況的方法？

如果這是一場夢，我會……

清醒夢練習能幫助你決定清醒夢狀態的有效用途。你可以在夢中藉由想像你在「醒著時」的現實中遇到這種情境會如何因應，而將清醒夢體驗套用在醒著時的生活中。

面對一個艱難的情境時，你可以問自己：「如果這是一場夢，我的作法會有什麼不同？」但你在問這個問題時，仍必須將客觀現實中的物理性與社會性限制納入考量。試著在這種狀態下，思考這個問題如何幫助你以更多心理彈性來面對這種情境。

下定決心並付諸執行

醒著時，我們會在努力達成眼前目標的同時，爲未來做盤算。但許多人就是不太能保持專注、具生產力，並記得有效率地規範自己的行爲。清醒夢可以幫助你學會如何在夢中和日常生活中，釐清並記得自己的意圖，讓你生活得更接近你的最高價值。

負起更多責任

當你了解在清醒夢中的情境不是由外來因素，而是由你對世界的心智模式所建構的，就能更懂得在做抉擇時爲自己的體驗負責。在醒著時，將此框架應用於現實生活中，就有可能自我賦權（self-empowering），但前提是你不爲自己無法控制的事物而怪罪自己。

換言之，重要的是，記得永遠有外來力量在形塑你的現實。但你可以透過「醒時清醒夢」的練習，思考如何爲人生中自己能改變的部分負起更多責任。

實踐重點：在清醒情境下使用三R法

你可以利用三R法，強化將「醒時清醒夢」套用在日常生活中的意圖。首先，回想一件最近發生在你醒著時，但結果不如預期，而且只發生過一次的事，這件事最好與你在生活中經常遭遇的困境有關。接下來，以三R法檢討這個經驗。

1. 重寫

選擇一個醒著時的體驗，想像它若是一場夢，你會以哪種不同的方法因應。問自己：「有哪些其他的因應方式，能讓這情況變得好一點？」接著重寫剩餘的情節，讓結果變得好一點，但還是必須忠於現實。

2. 排練

以想像排練整個重寫版本的體驗。這不必花太多時間，但如果你希望，也可以放鬆心情，徹底地想像幾分鐘。

3. 提醒

提醒自己下次在醒著時碰到類似情境時，你將會注意到，並記得以較高度的醒時清醒夢狀態因應。例如，你可以提醒自己，下次伴侶情緒焦慮時，你會記得講話輕柔一些。或是下次你碰到某種情境讓你感覺不舒服而想離開時，試著思考如果這是一場夢，你能以哪種不同的方式因應。

在清醒夢中探險

在日常生活中遭遇難關時，我會問自己：「如果這是一場夢，我會怎麼做？」思考其他的解決之道，例如不讓大家的批評影響自己，或是即使不想也要尋求幫助。我發現這種思考方式能幫助我做出平常不會做的事。

我開始這麼做之後，做了一場「自己試著練習醒時清醒夢」的非清醒夢。在一場派對裡，有一位我極為崇敬的熟人來到現場，但是他忙著跟別人聊天，起初我感覺自己被忽視、不受重視，但突然間，我想起應該想想若這是一場清醒夢，我該如何因應這個情況。我想到自己應該過去打斷他們，微笑打招呼，又突然想到自己完全有理由這麼做，便朝他走過去。他看到我時神情一亮，給了我一個溫暖的擁抱。這讓我既開心又寬慰地領悟到，原來只要換一個想法就能改變現實。

醒來後，我感覺自己的醒時清醒夢練習不僅對現實生活有幫助，也能改變自己在非清醒夢中的思考與行動模式，因此十分驚訝。這在更深的層次改變了我。這個練習比我原先預期的更有效，我希望能繼續這方面的探索。

拋開對清醒夢的恐懼

要投入清醒夢鍛鍊，最好先克服你對它的各種恐懼及疑慮。若你對清醒夢鍛鍊有所猶豫，務必記得「幾十萬年來，夢對人類一直都是有益的」。大家對清醒夢的擔憂通常源自誤導，而你在遭遇絆腳石時，一定能找到辦法修改你的練習方式，將阻礙降到最低。以下內容將幫助你釐清常見的誤解，並減少你對清醒夢的疑慮及矛盾情緒。

做清醒夢安全嗎？

清醒夢是一種完全自然，也絕對安全的意識狀態。有些人擔心清醒夢鍛鍊會讓他們失去在醒著時辨別自己是在作夢還是醒著的能力。以下就是這個誤解的原因：清醒夢鍛鍊最重要的特質，是學習精確地判斷自己正置身於哪一種現實裡，以及區別何者爲眞實，何者爲夢。此外，意識到自己醒著的能力，原本就是演化賦予人類的本能。若是沒有能力精確認知實際存在於現實世界裡的外來威脅，人類早就無法生存到今天。

一如所有以個人、存在或心靈成長爲訴求的強大活動，清醒夢也能鬆動你對現實的刻板印象。這能讓你建構更有效的觀察模式，來看清世界的眞貌。有些人質疑清醒夢具有讓人與現實脫節的風險，但這種情況鮮少發生，假如你在醒著的時間裡出現無法判別夢與眞實的感覺，可以請心理健康專家幫助你決定是否該退出清醒夢鍛鍊，或判定你的體驗還在現實混亂的容許範圍內（例如，你不時會堅信某件事眞的發生過，後來才發現那不過是一場夢裡的情節）。

做清醒夢會成癮嗎？

有些人擔心清醒夢做起來太刺激，會讓人感覺做夢比活在現實裡舒服，因此成癮。在此釐清：清醒夢是不會成癮的。它在大多數人的夢裡只占一小部分，因此，即使清醒夢做起來再過癮，你應該沒有太多機會成癮。

此外，常做清醒夢的人表示，自己的清醒夢能幫助他們把醒著時的生活過得更積極，而不是讓他們與現實脫節。

許多人的確會過度利用替代現實來應付或逃避醒著時的世界，例如電玩、手機、毒品、暴食、性愛或睡眠。如果你擔心自己可能陷入某種形式的逃避現實，該責怪的不是清醒夢本身，而是自己以不當方式排解日常生活壓力，或過度利用替代現實來逃避不愉快體驗的習性。

大多數人不會因過度沉溺於清醒夢而導致日常生活出現障礙，但你如果發現自己爲了清醒夢而錯過生活中的重要活動，最好停止練習，或是與專家諮商，看看是什麼因素導致你對清醒夢變得過度沉迷。

在清醒夢中會有痛覺嗎？

一般人以爲人在夢境中不可能有痛覺，這是一個普遍但錯誤的認知。我們在夢中的感官知覺與醒著時無異，其中也包括痛覺。不過，在夢中出現痛覺是相對少見的，至少極少被記錄下來，而賴博格的一場實驗證實了在夢中捏自己一把，不會比在現實中捏自己更痛。雖然在夢中也能感覺到疼痛，但夢境中的感官知覺通常是舒適多於疼痛。

清醒夢會導致疲勞嗎？

有些考慮投入清醒夢鍛鍊的人，擔心自己的睡眠品質在清醒夢中會被打折扣，導致翌日精神不濟。但這種情況絕對不會發生。清醒夢和普通的夢一樣，都有消除疲勞的功效。目前尚無它們與熬夜疲勞有關的任何證據，而且許多人表示從清醒夢中甦醒時，都會感覺興奮異常、渾身帶勁，而且這種感覺還會一路維持到翌日。

許多因素會造成疲勞，包括飲食、壓力、健身、心理或生理疾病，當然，也包括低品質的睡眠。有時某些人，尤其是初學者，會感覺每晚過度使用清醒夢誘發方法會使人感到疲倦。但此個案中的疲憊感並非由清醒夢本身所造成，而是因爲沒有睡飽。如果你的誘發方法練習對睡眠時間造成了負面影響，最好能改爲在翌日可以多睡一點再起床的夜間進行，而且一場練習與下一場練習之間一定要間隔幾天。

練習時常犯的錯誤

清醒夢鍛鍊不會在一夕之間就變得有效且穩定。所有的學習活動都少不了從錯誤中學習，而這正是清醒夢鍛鍊有趣的部分。但有幾個要點可讓你降低學習進展受到錯誤阻礙的機率。

欲速則不達

有時初學者出於對清醒夢鍛鍊的熱情，會一頭熱地急著學習誘發技巧，不願意多花時間了解原理、熟悉駕馭方法。雖然有些人的確只要將說明瞄過一遍，就能迅速學會清醒夢所需的技巧，但這很容易造成誤解及使用錯誤。學習每一項技能時，不要過於心急，而是要隨著自信的累積，扎實地充實誘發技巧的工具庫。

感到沮喪

大家在達成目標的過程中，時常會因爲遭遇挫折而感到沮喪。在心理學中，很清楚承擔過多壓力往往會導致表現下滑。若是你因為無法順利誘發清醒夢而感到焦慮，或是在不成功時把自己逼得太緊，都會對你誘發清醒夢的能力產生負面影響。學會體諒自己，不要過於急切地追求進展，切記學習情況本來就會因人而異。若是感到沮喪，就暫停練習幾晚，讓自己好好休息，或在下次嘗試誘發清醒夢之前，先做個深呼吸幫助自己放鬆心情。

缺乏意志力

即使你已經徹底了解如何誘發清醒夢，若是缺乏勤練的意志，也不太可能體驗到清醒夢。想一想清醒夢鍛鍊裡有哪些東西可以激發你的意志、點燃你的熱情。設法與其他清醒夢練習者交流，也是一個激發靈感、強化意志的好方法。

分心

我們生活在一個步調快速、目標導向的世界裡，隨時都在接受外來刺激的轟炸。如果你和大多數人一樣，在觀察當下的現實時，總會因為其他想法或擔憂而分心，思緒老是處於「忙碌」或「開機」狀態，就很少有機會停下腳步來留意周遭的事物。若不訓練自己學會在醒著時更細心觀察此時此地的一切，你在夢中就更難留意到細節。

誤用不可靠的技巧

清醒夢鍛鍊最有效率與效果的方法，就是使用經過實驗證明有效的方法。雖然沒有任何技巧能保證隨時有效，也沒有任何科學實驗沒有盲點，但某些誘發方法的效果具有一定程度的保證。若你想要快速學會清醒夢，務必使用有扎實證據認證的技巧。

展翅翱翔

以上所介紹的種種技巧，其實僅觸及潛力無窮的清醒夢的皮毛。現在你對清醒夢應該已有扎實的認識，也迫不及待想進一步深化你的練習。雖然在強化技巧上有許多方向可以選擇，但本章介紹的很可能是最能激發你成長的選項。

對許多人而言，記錄夜間體驗日記是一種強化夢境覺察與回溯能力的有效手段，而這兩種能力對清醒夢至關重要。而且由於對自己的思緒內容更加熟悉才能熟練清醒夢技巧，正念冥想對這一點是有幫助的。隨著你的回溯與覺察能力的強化，將能把醒著時與睡夢中兩個世界之間的神祕接口看得更清楚。同理，將清醒夢的概念套用到醒著時的情境中，也能幫助你提升辨識力、專注力與創意彈性。

下一章將介紹一套結合前文提到的多種技巧的練習排程大綱，供你做一個簡單的參考。期望你能記住這些流程，爲自己的生活誘發出更多清醒夢。

Chapter 6

練習排程

Practice Sequence

讀到這裡，現在可以看看如何將你的所學付諸實踐。以下是密集的清醒夢技巧訓練在二十四小時裡完全執行的樣貌。這是一個快速提醒你如何發展及維持日常練習的彈性步驟之說明。請注意，其中提及的都是前幾章已經深入介紹過的技巧。

這份大綱涵蓋三個練習時段：日間、入睡時間與夜間。你不需要天天都用到每一種技巧，但還是應該持續練習以求精進。日子久了，它們就會成為你生活中自然而然、毫不費勁的習慣。對誘發清醒夢而言，某些技巧會比其他的更重要，順序中的所有步驟都將幫助你把清醒夢鍛鍊琢磨得更為精湛。

若要嫻熟地掌握這個順序，最需要的是重複、結合與重新評估。專注地一次學習一種技巧，並在各種情境中反覆練習到熟練為止。隨著你的進步，逐步結合新學會的技巧與已經會的技巧。漸漸的，你會發現所有工具將合而為一，幫助你為清醒夢鍛鍊做好準備。

定期評估你的進展，以確認還有哪些地方需要加強。進步受阻時，可以複習本書中的技巧與概念，從中找出可以幫助你排除障礙的目標。無論如何，精進練習也會是一場讓你持續不輟地建立自信，並了解該做什麼、該在什麼時候做、該如何做的過程。

日間

以下是可以在白天進行的練習。從早上開始練習，能夠給自己回溯夢境的空間，並強化辨識出夢徵象的意志。在整個白天的時間裡，穿插幾次記憶練習，以強化誘發清醒夢的意志。此外，最好能預留時間供自己進行有助於積極投入清醒夢鍛鍊的其他練習。

起床時

- **更新你的夢日記**。在下床前，寫好記錄前一晚體驗的夢日記，並畫線將夢徵象標示出來。
- **做完整套記憶誘發術練習**。以自己記得的最後一場夢進行三R法：把夢境當作清醒夢，進行重寫及排練，接著提醒自己下次做夢時一定要進入清醒夢狀態。

在整個白天裡

- **重讀狀態檢測**。若作法正確，這套程序（見p.82）能結合關鍵性的意圖設定技巧，誘發出清醒夢。每當你發現「清醒夢徵象」或想到清醒夢時，就做一次重讀狀態檢測，每天至少進行五次。
  - **我在做夢嗎**？檢查周遭是否有任何夢徵象。看看有沒有任何事物暗示你正在做夢。
  - **重讀文字**。若相信自己是醒著的，試著讀某段印刷文字，移開視線，再移回並將同一段文字重讀一遍。重複這個步驟，但這次要想像重讀時文字會有所變化。若文字沒有變化，就能確定自己是醒著的。
  - **使用三R法**。把一場醒著時的體驗當作清醒夢重寫一遍，並在腦海裡把情境迅速排練一番。提醒自己今晚做夢時一定要記得自己正在做夢。
- **保持正念**。仔細感受此時此刻正在發生的事，不要讓思緒飄移到過去或未來，也不要分析任何情勢，或期望某個情況能有所不同。學習細心觀察現實，可以鍛鍊出辨識真正意識狀態的能力。

- **靜下「忙碌的大腦」**。持續分心會對清醒夢鍛鍊造成阻礙。在白天放空時做正念冥想。細心觀察自己的身體感覺及內心體驗，不要緊抓這些體驗鑽牛角尖，也不要將它們拋諸腦後。不要判斷這些體驗是好是壞，也不要努力達成任何目標。
- **一次只做一件事**。不要同時做好幾件事，而是專注於自己正在做的。例如，吃午餐時就專注地吃午餐，散步時就專注於步行的感覺及身邊的環境。
- **在觀察和參與之間取得平衡**。進行日常活動時，專注於此時此地，投入地做此時此刻自己該做的事。
- **做出反應前先停一下**。在非清醒夢中，通常你會自動做出反應，並把夢中的故事視爲現實。這和你醒著時的反應模式相似。靜下心來，留意你的想法及做出反應的衝動。仔細看清楚當下的情境，並思考該如何以符合自己價値觀的方式做出反應。

預留時間練習

若你不預留時間爲充實清醒夢鍛鍊的生活做準備，就會比較難持續進步。以下是幾件你該排進時間表的事。

- **重寫你的夢境**。將你最近做過的夢當作清醒夢，並加上較好的結果重寫一遍，例如，加入反映出自我整合或達成某個目標所做出的回應。
- **思索夢境含義**。有時夢境的含義不會立刻在你回溯或記錄時被清楚解讀出來。花點時間想想自己的夢境可能反映出人生的哪個面向。這麼做可以強化你從夢中獲得的觀點與指導，維持你多使用誘發及回溯技巧的決心。
- **冥想**。要增加對自己心智內容的熟悉度並輔助清醒夢鍛鍊，可以在你的日常生活中導入正念冥想。嘗試每天冥想至少十分鐘。

入睡時間

在入睡時也可以進行一些幫助自己為清醒夢做好準備的活動。以下就是一份簡單的清單，其中包含如何強化誘發清醒夢的意志、如何改善回溯夢境的能力，以及如何獲得良好的睡眠品質。

- **保持平靜**。在入睡前三十至六十分鐘關掉所有電器，做一些平靜、安靜的事。
- **準備工具**。將夢日記、筆、時鐘、照明設備與其他練習輔助工具，放在床邊伸手可及的地方。
- **選擇當晚使用的誘發策略**。你的目標是回溯多個夢境，還是僅聚焦於清晨最後一次快速動眼睡眠期的體驗？今晚是否適合使用睡眠中斷術或記憶誘發術？先做好規畫，但記得見機行事，視當下的感覺而定也是不錯的選項。
- **牢記自己的清醒夢目標**。若今晚能誘發出清醒夢，你打算做些什麼？給自己一個誘發清醒夢的理由。

● **練習記憶誘發術**。下定決心在今晚的夢中認知到自己正在做夢，並努力達成一個預設目標。在心中備妥一份行動計畫。提醒自己每隔九十分鐘就會經歷一次快速動眼睡眠，而且有許多發現夢徵象的機會。下定決心在做夢後甦醒，記錄夢境，並使用記憶誘發術的三R法（見p.74）。再次入睡前，將三R法套用在最近做過的一場夢上，接著再帶著誘發清醒夢的決心重返夢鄉。

● **放鬆**。使用一個幫助自己身心放輕鬆的技巧，例如仔細地逐一檢視自己身體各個部位。不要檢討今天發生過的事，或計畫明天該做哪些事。讓自己放空，並期待自己能在下一場夢中進入清醒夢狀態。

夜間

理所當然的，夜間就是你最可能誘發清醒夢的時段。我們爲你整理出以下這套適合在此時段使用的誘發技巧，其中包括記憶誘發術、夢日記、醒著誘發的清醒夢，以及睡眠中斷術。

中途甦醒時

- **留意自己是清醒的**。你在一晚裡會甦醒幾次。不要馬上睡回籠覺，而是下定決心記得這些甦醒時刻就是回溯夢境及練習誘發的好時機。
- **寫夢日記**。夜間甦醒時就是記錄夢境的理想時機，你應該立刻寫筆記，因爲拖下去會讓你忘記夢境的細節。有時深夜裡的睡意會讓你只想草草了事地寫一下，這種時候，試著只記錄主要夢徵象，或在再次入睡前以記憶誘發術記下夢境。
- **填寫夜間體驗日記**（見p.142）。記下時間與體驗代碼，並在一行事件紀錄中爲自己的回溯能力評分。

- **練習記憶誘發術**。使用三R法：將你甦醒前的最後一場夢當作清醒夢，進行重寫及排練；如果不記得最近的一場夢，也可以用上一場。再次入睡前提醒自己一定要進入清醒夢狀態。
- **睡眠中斷術**。第三次快速動眼睡眠（大約從入睡時間算起四個半小時之後）後，下床三十至六十分鐘，做一些安靜並能讓自己保持清醒的事，例如閱讀清醒夢相關的內容或寫寫夢日記，接下來再回到床上練習記憶誘發術。
- **使用「醒著誘發的清醒夢」技巧**。再次入睡前，嘗試做醒著誘發的清醒夢（見p.92），尤其在你剛從一場凌晨的夢中甦醒時，或一場事先規畫的睡眠中斷之後。
- **放鬆**。利用放鬆技巧隨心所欲地快速入睡。
- **需要時使用鬧鐘**。若你難以記住自己的夢境，設定鬧鐘在你可能做夢的時候把自己喚醒。

表6.1　夜間誘發規程表

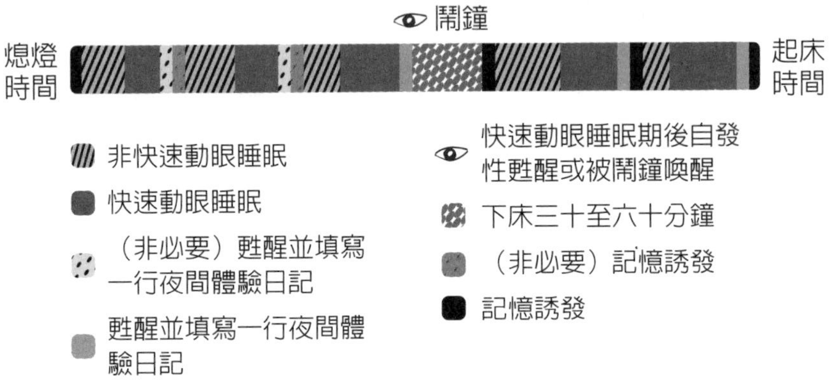

這圖表呈現的是一整晚裡結合記憶誘發、睡眠中斷，並寫完一篇夜間體驗日記的過程。請注意，圖表並未依照比例繪製，而且快速動眼睡眠的時間與次數為估計值。

在清醒夢之中

如果你想要有效利用清醒夢的時間，以下是所需的重要技巧的快速複習。

● **記得你的預設目標**。進入清醒夢狀態後的首要之務，是進行你預先選擇的行動。不過必須彈性配合夢中無預期出現的影像。

● **反覆默念「我正在做夢」**。持續提醒自己正在做夢，以避免思緒飄移進入非清醒夢中。

● **延後甦醒**。當視覺影像開始產生消失的跡象時，旋轉自己夢中的身體，或是搓揉夢中的雙手。專注於做這些動作的感覺，避免想到甦醒。如果仍然醒了，確認自己不是假性甦醒。

該做與不該做的事

清醒夢鍛鍊可以讓你獲益良多，但一如所有需要練習的鍛鍊，在鍛鍊過程中也會面臨許多挑戰。遵循以下方案，能讓你的鍛鍊過程順利許多。

該做

- **尊重自己的學習速度**。不同的人受到不同的出身背景、學習方式與生活因素影響，在清醒夢鍛鍊的進展也可能快慢有別。對自己要有耐心，千萬不要放棄。
- **彈性地求取平衡**。你可以使用經證實有效的技巧，也可以相信直覺，視自己的需求修改技巧或更動練習順序。
- **適時踩煞車**。有時由於思緒過於倦怠，會無法專注於清醒夢鍛鍊。這種時候不妨暫時放下練習，休息一晚或數晚。
- **頻繁回顧自己的清醒夢目標**。為探索清醒夢境設定清楚的目標，可以幫助你強化誘發清醒夢的意圖。

不該做

- **想要一步登天**。你應該將學習技巧分割成較小、較可行的規模。
- **用力過度**。爲了決心誘發清醒夢而給自己太大的壓力，會對你的表現產生負面影響。
- **不要進行重讀狀態檢測**（見p.82），**除非你已經在周遭尋找過夢徵象**。強化自己對既有夢徵象的辨識力，而不是依賴狀態檢測，才能提升誘發清醒夢的能力。
- **因練習誘發技巧導致睡眠不足**。雖然偶爾犧牲一點睡眠可能沒什麼大不了，但切記爲了維持身體功能正常，每晚還是應該閉上眼睛睡足七至九小時。
- **為自己還沒做過清醒夢感到沮喪**。其實你可能已經做過許多場清醒夢，只是不記得而已。保持樂觀，並享受你的旅程。

繼續旅程

不妨將本章所介紹的練習排程大綱視爲一份地圖，我們在標示出主要幹道的同時，也保留了探索蹊徑的空間，以供你選擇最適合自己走的路。只要保持積極投入，你一定有機會按下這些技巧的定速駕駛開關，恣意馳騁。你將感覺練習變得愈來愈不費力，清醒夢也將成爲你人生中一個頻繁出現的獎勵。

但是，光看地圖比不上眞正上路，這些技巧的用途比我們利用有限篇幅所介紹的更多。在熟練基本技巧後，你將會希望進一步精進自己的練習。當你覺得自己準備好了，可以與專業導師建立聯繫，這對你將大有助益。

定期練習，靜修時是一個精進清醒夢技巧的最佳機會，也不妨偶爾從日常生活的紛擾中抽身，專注地促進自己的心靈發展。如果你在這方面有困難，也可以退而求其次參加附近的工作坊或網路課程，這些管道如今已相當普及。結識其他清醒夢練習者是探索清醒夢、幫助自己記得夢境、思考如何從中獲益的最佳方法。

終點就是起點

清醒夢鍛鍊能爲你開啓新的可能性。一開始，探索清醒夢可能讓你感覺怪異或陌生，但隨著夢境回溯與誘發清醒夢的經驗累積，你將對這一切愈來愈熟悉，感覺自己只是憶起自我中一個更宏偉、更壯麗的部分，而你原本就知道這個部分，只是暫時忘記它的存在而已。

切記，在夢中進入清醒狀態是簡單、直覺性的，只要你意識到這是可能的，並爲此下定決心，就不難辦到。本書將誘發與探索清醒夢的技巧做了類似零件化的劃分整理，但希望你在精進練習的過程中，能感覺自己彷彿透過一面放大鏡，看到一幅遠比這些零件加總起來更巨大的全貌。

再次強調，清醒夢狀態可以爲你開啓一扇通往許多未知世界的大門。這些世界可能是促進轉變的強大觸媒，幫助你提升辨別現實與夢境的敏銳度，擺脫你對自我的扭曲觀點，更精明地認知夢中敘事與現實體驗均是以同樣的元素編織而成的。

了解它的本質後，清醒夢將為你發掘出原始而無窮的自我賦權感。只要深入鑽研，你會感覺到一股力量將你拉近世間萬物與最真實的自我。對於清醒夢，還有太多值得探討，本書只是一本初學指南，而且將在此劃上句點。現在最美妙的就是，對你而言，這個終點只是一個起點。

其他資源

清醒夢

Lucidity.com | The Lucidity Institute

MindfulLucidDreaming.com | Kristen LaMarca, PhD

Exploring the World of Lucid Dreaming by Stephen LaBerge and Howard Rheingold

正念冥想

Mindfulness Coach | Self-guided training app for iOS and Android, https://mobile.va.gov/app/mindfulness-coach

Mindful.org | Guidance on mindfulness meditation practices

Wherever You Go, There You Are: Mindfulness Meditation in Everyday Life by Jon Kabat-Zinn

藏傳佛教夢瑜伽

Ligmincha.org | The Ligmincha International Foundation, 丹津・旺賈（Tenzin Wangyal）仁波切成立的保存藏傳佛教教義的組織。

The Tibetan Yogas of Dream and Sleep by Tenzin Wangyal Rinpoche

Dream Yoga: Illuminating Your Life Through Lucid Dreaming and the Tibetan Yogas of Sleep by Andrew Holecek

參考資料

Aspy, Denholm J., Paul Delfabbro, Michael Proeve, and Phillip Mohr. 2017. "Reality Testing and the Mnemonic Induction of Lucid Dreams: Findings from the National Australian Lucid Dream Induction Study." *Dreaming* 27 (3): 206–231.

Becchetti, Andrea, and Alida Amadeo. 2016. "Why We Forget Our Dreams: Acetylcholine and Norepinephrine in Wakefulness and REM sleep." *Behavioral and Brain Sciences* 39 (e202). doi.org/10.1017/S0140525X15001739.

Blagrove, Mark, and E. F. Pace-Schott. 2010. "Trait and Neurobiological Correlates of Individual Differences in Dream Recall and Dream Content." *International Review of Neurobiology*, 92: 155–180. doi:10.1016/S0074-7742(10)92008-4.

Bulkeley, Kelly. 1997. *An Introduction to the Psychology of Dreaming*. Westport, Connecticut: Praeger Publishers.

Eichenlaub, Jean-Baptiste, Alain Nicolas, Jerome Daltrozzo, Jerome Redoute, Nicolas Costes, and Perrine Ruby. 2014. "Resting Brain Activity Varies with Dream Recall Frequency between Subjects." *Neuropsychopharmacology* 39: 1594–1602. doi:10.1038/npp.2014.6.

Evans-Wentz, W. Y. 2000. *Tibetan Yoga and Secret Doctrines: Seven Books of Wisdom of the Great Path*. New York: Oxford University Press.

Giguere, Brenda, and Stephen LaBerge. 1995. "To Touch a Dream: An Experiment in Touch, Pain, and Pleasure." *Night- Light* 7 (1).

Hobson, J. Allan. 2003. *Dreaming: An Introduction to the Science of Sleep*. New York: Oxford University Press.

LaBerge, Stephen. 1985. *Lucid Dreaming*. New York: Ballantine Books.

LaBerge, Stephen. 1988. "Lucid Dreaming in Western Literature." In *Conscious Mind, Sleeping Brain*, edited by Jayne Gackenbach and Stephen LaBerge, 11–26. New York: Plenum Press.

LaBerge, Stephen. 2014. "Lucid Dreaming: Paradoxes of Dreaming Consciousness." In

Varieties of Anomalous Experience: Examining the Scientific Evidence, edited by S. J. Lynn, E. Cardena, and S. Krippner, 145–173. Washington, DC: American Psychological Association.

LaBerge, Stephen. 2015. "Metaconsciousness During Paradoxical Sleep." In *Dream Research: Contributions to Clinical Practice*, edited by Milton Kramer and Myron Glucksman. New York: Taylor & Francis.

LaBerge, Stephen. 2003. "Tibetan Dream Yoga and Lucid Dreaming: A Psychophysiological Perspective." In *Buddhism and Science*, edited by B. A. Wallace. New York: Columbia University Press.

LaBerge, Stephen, Benjamin Baird, and Philip G. Zimbardo. 2018. "Smooth Tracking of Visual Targets Distinguishes Lucid REM Sleep Dreaming and Waking Perception from Imagination." *Nature Communications* 9 (1). doi:10.1038 /s41467-018-05547-0.

LaBerge, Stephen, and Howard Rheingold. 1990. *Exploring the World of Lucid Dreaming*. New York: Ballantine Books.

LaBerge, Stephen, and Kristen LaMarca. 2015–2018. Nightly Experience Type Recall and Time (NETRAT) Log. Unpublished.

LaBerge, Stephen, Kristen LaMarca, and Benjamin Baird. 2018. “Pre-sleep Treatment with Galantamine Stimulates Lucid Dreaming: A Double-Blind, Placebo-Controlled, Crossover Study.” *PLoS One* 13 (8):e0201246. doi:10.1371/journal.pone.0201246.

LaBerge, Stephen, Rachel Steiner, and Brenda Giguere. 1996. “To Sleep, Perchance to Read.” *NightLight* 8 (1 & 2).

LaBerge, Stephen, and Lynne Levitan. 1995. “Validity Established of Dreamlight Cues for Eliciting Lucid Dreaming.” *Dreaming* 5 (3): 159–168.

Laughlin, Charles D. 2011. *Communing with the Gods: Consciousness, Culture, and the Dreaming Brain*. Brisbane, Australia: Daily Grail Publishing.

Levitan, Lynne. 1992. “A Thousand and One Nights of Exploring Lucid Dreaming.” *NightLight* 4 (2).

Levitan, Lynne, Stephen LaBerge, D. J. DeGracia, and Philip G. Zimbardo. 1999. “Out-of-Body Experiences, Dreams, and REM Sleep.” *Sleep and Hypnosis* 1 (3): 186–196.

Sparrow, Scott. 1976. *Lucid Dreaming: Dawning of the Clear Light*. Virginia Beach, VA: A.R.E. Press.

Tholey, Paul. 1988. "A Model for Lucidity Training as a Means of Self-Healing and Psychological Growth." In *Conscious Mind, Sleeping Brain*, edited by Jayne Gackenbach and Stephen LaBerge, 263–287. New York: Plenum Press.

Tholey, Paul. 1983. "Techniques for Inducing and Manipulating Lucid Dreams." *Perceptual and Motor Skills* 57 (1): 79–90. doi:10.2466/pms.1983.57.1.79.

Vallat, Raphael, Tarek Lajnef, Jean-Baptiste Eichenlaub, Christian Berthomier, Karim Jerbi, Dominique Morlet, and Perrine M. Ruby. 2017. "Increased Evoked Potentials to Arousing Auditory Stimuli during Sleep: Implication for the Understanding of Dream Recall." Frontiers in *Human Neuroscience* 11 (132). doi:10.3389/fnhum.2017.00132.

Varela, Francisco J., ed. and Jerome Engel. 1997. *Sleeping, Dreaming, and Dying: An Exploration of Consciousness with The Dalai Lama*, foreword by H. H. the Fourteenth Dalai Lama; narrated and edited by Francisco J. Varela; with contributions by Jerome Engel, Jr. ... [et al.]; translations by B. Alan Wallace and Thupten Jinpa. Boston: Wisdom Publications.

Wangyal Rinpoche, Tenzin. 1998. *The Tibetan Yogas of Dream and Sleep*. Ithaca, New York: Snow Lion Publications.

索引

10劃

11劃

12劃

13劃

14劃

15劃以上

清醒夢療法——
鍛鍊意識力、創造力，學習自我覺察、克服恐懼、釋放壓力

作　　者——克莉斯汀．拉馬克
（Kristen lamarca）
譯　　者——劉名揚
特約編輯——洪禎璐

發 行 人——蘇拾平
總 編 輯——蘇拾平
編 輯 部——王曉瑩
行 銷 部——陳詩婷、曾曉玲、曾志傑、蔡佳妘
業 務 部——王綬晨、邱紹溢、劉文雅

出 版 社——本事出版
台北市松山區復興北路333號11樓之4
電話：(02) 2718-2001　傳眞：(02)2718-1258
E-mail：andbooks@andbooks.com.tw
發　　行——大雁文化事業股份有限公司
地址：台北市松山區復興北路333號11樓之4
電話：(02)2718-2001
傳眞：(02)2718-1258
美術設計——POULENC
內頁排版——陳瑜安工作室
印　　刷——上晴彩色印刷製版有限公司
2021 年 06 月初版
定價 380元

LEARN TO LUCID DREAM: POWERFUL TECHNIQUES FOR
AWAKENING CREATIVITY AND CONSCIOUSNESS
by KRISTEN LAMARCA
Text © 2019 Callisto Media, Inc.
This edition arranged with Rockridge Press, a Callisto Media, Inc. imprint
through Big Apple Agency, Inc., Labuan, Malaysia.
Traditional Chinese edition copyright:
2021 Motifpress Publishing, a division of And Publishing Ltd.
All rights reserved.

版權所有，翻印必究
ISBN 978-957-9121-87-3
ISBN 978-957-9121-88-0（EPUB）

缺頁或破損請寄回更換
歡迎光臨大雁出版基地官網 www.andbooks.com.tw 訂閱電子報並填寫回函卡

國家圖書館出版品預行編目資料
清醒夢療法——鍛鍊意識力、創造力，學習自我覺察、克服恐懼、釋放壓力
克莉斯汀．拉馬克（Kristen lamarca）/ 著　劉名揚 / 譯
---.初版.— 臺北市；本事出版　：大雁文化發行，2021 年 6 月
面　；　公分.–
譯自：LEARN TO LUCID DREAM: POWERFUL TECHNIQUES FOR AWAKENING
CREATIVITY AND CONSCIOUSNESS
ISBN 978-957-9121-87-3（平裝）
1. 夢　2. 潛意識
175.1　　110004406